Anke Gerstein
Sterben wie ein Profi

Anke Gerstein

Sterben wie ein Profi

Layout und Satz: Alexander Bücken
Covergestaltung: Tina Wengler – Freiflieger Design
Coverfoto: Anke Gerstein

ISBN 9783947438471

Druck und Bindung
Print Group Sp. zo.o; Szczecin, Poland

Inhaltsverzeichnis:

Zu diesem Buch

Dieses Buch ist eine Mischung aus theoretischen Exkursen über das Thema Sterben und Tod sowie Geschichten von Menschen, die sich am Ende ihres Lebensweges befanden. Alle diese Geschichten wurden von mir selbst erlebt oder mir berichtet. Sie beruhen alle auf einem wahren Hintergrund. Allerdings wurden die Namen größtenteils geändert, um die Persönlichkeitsrechte von Menschen zu garantieren, die sich in einer sensiblen und elementaren Phase befanden. Zwei Ausnahmen gibt es allerdings: Roswitha und Kerstin wünschten sich, dass ihre Namen genannt werden. Es war ihnen eine Freude, Menschen dabei zu unterstützen, zu einem friedlichen Tod zu gelangen.

Dieses Buch ist ein sehr persönliches Buch. Deshalb möchte ich ausdrücklich betonen, dass es sich bei dem, was Sie im Folgenden lesen, um in vielen Jahren gesammelte Erfahrungen, Eindrücke und Interpretationen handelt, die ich in meiner subjektiven Form mit Ihnen teile. Es sind meine ganz persönlichen Schlüsse, die ich aus dem Erlebten gezogen habe. Sie müssen nicht wahr und auch nicht in jedem Fall nachvollziehbar sein. Überprüfen Sie das, was Sie lesen und vergleichen Sie es mit dem, was Sie erfahren haben.

Wenn es mir gelingt, Ihnen mit diesem Buch zumindest ein wenig Angst vor dem Sterben und dem Tod zu nehmen und Sie darüber hinaus dafür zu interessieren, sich diesem Thema mit Neugierde und Forschergeist zu nähern, wäre schon viel erreicht. Denn genau das ist die Intention, mit der ich dieses Buch geschrieben habe.

Vorwort:

„Ich habe keine Angst vor dem was danach kommt, ich habe Angst vor dem Sterben.“ In meinen vielen Jahren auf einer Palliativstation und im Hospiz begegnete mir immer wieder diese Aussage. Wenn ich als Sterbeamme Menschen begleite, die mit einer lebensbedrohlichen Diagnose konfrontiert sind, gebe ich ihnen gerne viele Mutmach-Geschichten von Heilungen an die Hand. Sie feuern an, das auch zu schaffen, geben Mut und zeigen Strategien auf, die gegriffen haben.

Was aber mache ich mit Menschen, die schon auf dem Weg sind, sich zu verabschieden? Oder Menschen, die sich im Vorfeld ihre Ängste anschauen? Wir lesen und sehen in den Medien täglich vom Sterben, aber Mut macht uns das nicht. Aus meiner Erfahrung heraus ist das Sterben an sich kein schlimmer Akt. Es sind eher die Umstände, die den Übergang so schwer machen. Und die Umstände kann man verändern. Wie das gehen kann, möchte ich Ihnen in diesem Buch mitteilen.

Fallbeispiele und Interviews mit Fachleuten sollen Ihnen zeigen, dass es möglich ist, zu einem friedlichen Abschluss zu kommen. Und das nicht nur für den, der sich verabschiedet, sondern auch für die Angehörigen, die zurückbleiben.

Wenn es uns gelingt, mit einem „Ja“ auf den Lippen zu gehen und unseren geliebten Menschen mit einem „Ja“ weiterziehen zu lassen, dann haben wir ein großes Ziel erreicht.

Mein Vater

„Dein Vater hat Krebs." Meine Mutter am Telefon. In ihrer sachlich nüchternen Art. Die Aussage traf mich wie ein Schlag. Der Anruf kam zehn Minuten, bevor einige Gäste zum Abendessen kamen. Der Abend ging an mir vorbei. Meine Gedanken hingen an dem, was nun vor uns lag. Besonders, was meinem Vater bevorstand. Wir waren immer eine Familie, die offen mit dem Thema Tod und Sterben umging. Das erleichterte uns von Anfang an, uns unsere Ängste und Sorgen gegenseitig mitzuteilen.

Mein Vater erhielt mit kaum 60 Jahren die Diagnose Darmkrebs. Er hatte seit längerer Zeit Beschwerden im Bauchraum, aber da er der Nachkriegsgeneration entstammte, war sein Motto: Aushalten und ignorieren. Er ging viel zu spät zum Arzt, und als er dann operiert wurde, wurde bei ihm Darmkrebs im fortgeschrittenen Stadium festgestellt. Er begab sich nach seinem operativen Eingriff in wöchentlich eintägige Chemotherapien, die er einigermaßen gut vertrug. Trotz seiner Krankheit ging er weiter arbeiten und plante seinen Ruhestand mit 63 Jahren.

Mein Vater war ein lebenslustiger und tiefsinniger Mensch. Er lachte gern, liebte es, unter Menschen zu sein und bemühte sich um Frieden, Toleranz und Harmonie. Seine ihm noch verbliebene Lebenszeit erlebte er bewusst, verreiste viel mit meiner Mutter und besuchte kulturelle Veranstaltungen. Besonders angetan hatte es ihm der Philosoph und Theologe Nikolaus von Kues (1401 bis 1464). Nach ausführlicher Beschäftigung mit seiner Biografie wurde er im Leben meines Vaters zu einer Art Leitfigur. Was ihn an diesem Menschen faszinierte, war sein Einheitsgedanke. Dieser ging mit dem Konzept des Zusammenfalls der Gegensätze zu einer Einheit einher. Er sah Gott in dieser Einheit. Ich glaube, dass sich mein Vater über diesen Weg mit seinem Sterben auseinandergesetzt hat und darüber die Sehnsucht nach Einheit und Frieden spürbar wurde.

Mit der Zeit wurde mein Vater merklich schwächer. Es wurden Lebermetastasen diagnostiziert, ein Zeichen dafür, dass sich die Krankheit unaufhaltsam ausbreitete. Ich kann mich noch daran erinnern, dass wir den Gedanken an den nahenden Tod verdrängten. Im Februar seines Todesjahres waren wir noch zusammen auf der Stunksitzung, einer alternativen Karnevalssitzung in Köln. Wir mussten dort bereits durch den Nebeneingang, da mein Vater nicht mehr so lange in der Schlange hätte stehen können. Am Ende der Sitzung rollten ein paar Tränen. Da war uns bewusst, dass er bereits dabei war, Abschied vom Leben zu nehmen.

Wir organisierten im Frühjahr noch eine Reise zu meiner Tante auf ihren Bauernhof in Süddeutschland. Dort hatten wir viele Jahre unsere Ferien verbracht und waren dem Ort und den Verwandten sehr verbunden. Das war das letzte Mal, dass wir zusammen mit meinen zwei Brüdern etwas unternahmen. Und es war schön. Viele Erinnerungen an vergangene Zeiten kamen hoch, und die Frage, ob mein Vater Angst vor dem Sterben habe, wurde gestellt. Angst vor dem Danach habe er nicht, antwortete mein Vater. Angst vor dem Sterben allerdings schon.

Es gab auch schwierige Phasen in diesem Prozess. Besonders meine Mutter, die meinen Vater ständig begleitete, musste sie ertragen. Es gab Tage, da konnte sie ihm nichts recht machen. Auf alles reagierte mein Vater aggressiv und gereizt. Das waren schwere Tage für sie, und es kam öfters vor, dass sie mich anrief, um ihrer Verzweiflung Ausdruck zu geben.

Im Juli fuhren meine Eltern noch einmal für zwei Wochen nach Frankreich und genossen dort Opern. Genau zu dieser Zeit fuhr ich mit meiner Familie ebenfalls nach

Frankreich, an die Ardéche. Meine drei Söhne waren damals noch klein. Kim, der Älteste, war zehn Jahre alt, Till sieben und Tim anderthalb. Wir wohnten in einem abgelegenen Dorf, Handys gab es zu dieser Zeit noch nicht. Nach ein paar Tagen folgte ich einem Gefühl, bei meinen Eltern anzurufen, um ihnen zu erzählen, dass es uns gut ginge. In der Telefonzelle traf mich der Schlag. Meine Mutter nahm ab und sagte in ihrer trockenen Art: „Wenn Du Deinen Vater noch sehen möchtest, musst Du kommen. Er ist im Leberversagen und hat noch maximal zwei Wochen."

Mein Vater hatte nicht gewollt, dass meine Mutter mir das erzählt, während ich im Urlaub war. Er wollte uns nicht die dringend benötigte Auszeit verderben. Aber meine Mutter tat das Richtige. Alles andere hätte ich ihr wirklich übel genommen.

Ich nahm am nächsten Tag einen Zug und reiste allein nach Münster in mein Elternhaus. Vorher weinten wir gemeinsam um den geliebten Opa und Vater. Meine Kinder malten Bilder und schrieben ihm Briefe. Mein Ältester schrieb: „Lieber Futsch (so nannten sie ihn), schade, dass Du jetzt sterben musst. Aber dann haben wir einen neuen Schutzengel im Himmel." Über diese Vorstellung hat sich mein Vater sehr gefreut. Er besorgte daraufhin noch kleine Bronzeengel für alle seine Enkel und Kinder.

Ich verbrachte noch 14 Tage mit meinem Vater. Sie waren gekennzeichnet von einer schwer zu beschreibenden Intensität. Einerseits waren sie schön, andererseits mit dem definitiven Abschied vor Augen auch skurril. Einen Teil unserer Zeit verbrachten wir damit, die Beerdigung zu planen. Mein Vater diktierte uns alle Adressen, die angeschrieben werden sollten. Er besprach mit dem Pfarrer seine Beerdigungsfeier, suchte Texte und Lieder zusammen. Er ging mit mir Aktenordner durch und zeigte mir Dinge, die er für wichtig empfand. Wir luden seine Geschwister und engen Freunde ein, um Abschied zu feiern. Es wurde gelacht und geweint, alles gleichzeitig – alles in unserem Haus.

Es gab auch noch eine offene Sache zwischen mir und meinem Vater. Er hatte mir im Laufe meines Lebens beruflich nicht viel zugetraut. Auch sein Auto durfte ich als Tochter nie benutzen. Betreut wurde er während dieser Zeit durch einen ambulanten Pflegedienst, der lediglich kam, um eine Infusion an- und abzuhängen. Ich bot ihm an, das zu machen, was für eine Krankenschwester eine leichte Übung ist. Er ging auf mein Angebot ein, bestellte aber am nächsten Tag erneut den Pflegedienst. Da brach in mir diese alte Wunde auf, was ich angesichts seines Zustandes zu verstecken versuchte. Aber er merkte, dass etwas nicht stimmte, und so kamen wir auf dieses Thema zu sprechen. Wir weinten beide bittere Tränen, ihm war sein Verhalten nie bewusst gewesen und mir nicht, dass er immer unbewusst gehandelt hatte. So rückten wir eine alte Sache in ein neues Licht. Und kamen noch näher zusammen.

Zwei Mal besuchte uns ein Palliativmediziner. Er gab uns Instruktionen für den Notfall, falls es zu spontanen Blutungen komme, und versorgte meinen Vater mit einer guten Schmerzmedikation. Es war für uns beruhigend zu wissen, dass wir diesen Arzt jederzeit anrufen konnten.

So vergingen die Tage. Mein Vater hatte ab und an verwirrte Gedanken, bewegte sich im Haus aber noch selbstständig. Nun kamen wir an einen Punkt, an dem die Ferien endeten. Mein Mann kam mit meinen drei Kindern aus Südfrankreich zurück und für zwei meiner Kinder begann die Schule in Köln. Wir waren etwas ratlos, ließen es jedoch auf uns zukommen und waren voller Vertrauen, dass uns schon das Richtige einfallen würde. Am Freitagabend ließ sich mein Vater einen Artikel über

Nikolaus von Kues vorlesen. Er kommentierte ihn noch, was ungewöhnlich für ein fortgeschrittenes Leberversagen ist. Normalerweise werden die Patienten immer verwirrter und später komatös.

Am Samstagmorgen stand mein Vater nicht mehr auf. Ich pflegte ihn im Bett. Am Nachmittag veränderte sich seine Atmung. Meine Brüder wurden gerufen. Es war eine ruhige, feierliche Atmosphäre. Während mein Bruder und ich an seinem Bett saßen und ihm sagten, dass wir uns um unsere Mutter kümmern, kam er auf einmal in einen veränderten Bewusstseinszustand. Er streckte immer wieder seine Hand in der Luft aus und sagte „Mutti". Wir hatten das Gefühl, dass er seine verstorbene Mutter sah, die seine Hand fasste, um ihn abzuholen. Dann tat er noch einige Atemzüge und verstarb friedlich in seinem Bett.

Für uns war es ein trauriger, und dennoch friedlicher, ja heiliger Augenblick. Die Atmosphäre war dicht und intensiv. Wir saßen lange bei ihm, bis wir ihn dann wuschen und schön herrichteten. Er blieb über 24 Stunden bei uns aufgebahrt. Freunde kamen, um ihn noch einmal zu sehen. Inzwischen war auch meine Familie nach Münster gekommen. Meine Kinder gingen immer wieder an das Bett ihres Opas, um zu entdecken, was mit ihm passiert. Meine Mutter schlief in dieser Nacht noch bei ihm. Morgens, als wir aufwachten, hatte mein Vater sich noch einmal verändert. Auf seinem Antlitz lag sein verschmitztes Lächeln, das wir so an ihm geliebt hatten.

Nun, liebe Leserin, lieber Leser: Ich habe Ihnen das Sterben meines Vaters so ausführlich geschildert, weil in diesem gemeinsam erlebten Prozess so viele Aspekte berührt wurden, die einen Abschied für alle Beteiligten schön und friedlich verlaufen lassen. Offensichtlich hatten wir intuitiv vieles richtig gemacht.

Aus dieser Erfahrung heraus entstand bei mir der Wunsch, es möglichst vielen Menschen zu ermöglichen, ähnlich friedvolle Erfahrungen mit dem Tod zu machen. Das war der Grund, warum ich Palliativkrankenschwester und freiberufliche Sterbe- und Trauerbegleiterin wurde.

Einige Aspekte, die dazu beigetragen haben, das Sterben meines Vaters friedlich und erfüllt zu gestalten, möchte ich hier kurz erwähnen: Es wurde offen über Tod und Sterben geredet. Wir waren ehrlich zueinander, haben über unsere Sorgen, Ängste und über unsere Trauer geredet. Wir haben gemeinsam geweint, aber auch gemeinsam gelacht. Es durfte beides nebeneinanderstehen.

Durch diese Offenheit hat mein Vater seine Selbstbestimmtheit bis zum Ende aufrechterhalten können. Er gestaltete seinen Abschied bewusst und äußerte, was er für sich gerne hätte. Dazu gehörte auch, dass er sich seine Freunde und Verwandten, die er noch gerne sehen wollte, aussuchte. Die Offenheit verhalf uns, zu wissen, was ihm gut tat.

Hinsichtlich unserer Ängste hatten wir eine gute palliativmedizinische Versorgung im Hintergrund, die wir jederzeit in Anspruch nehmen konnten. Durch den Arzt wussten wir über eventuelle Notfälle Bescheid. Es beruhigt ungemein, gut informiert zu sein über das, was eventuell passieren kann.

Ich hatte das Glück und die Gelegenheit, noch Dinge zwischen mir und meinem Vater klären zu können, die mich sonst mein Leben lang beschäftigt und verfolgt hätten.

Wir haben unserem Vater die Beruhigung geben können, dass wir uns um unsere Mutter kümmern. Mit dieser Gewissheit konnte er gut gehen.

Auch wenn eine Krankheit lange dauert und man weiß, dass ein Abschied ansteht, kommt dieser fast immer plötzlich. Frei nach dem Motto eines bekannten Spruchs in vielen Todesanzeigen: „Nach langer Krankheit verstarb er plötzlich.“

Meine Kinder sind dem Alter gemäß natürlich und ungezwungen mit dem Tod ihres Opas umgegangen. Mich hat der Brief meines Ältesten berührt. Für ihn war klar, dass sein Opa als Engel weiter für ihn da ist. Indem wir natürlich mit dem Tod umgegangen sind, hatte es nichts Erschreckendes für unsere Kinder, den verstorbenen Opa am Sterbebett zu besuchen. Im Gegenteil: Er wurde untersucht und mit Neugierde betrachtet. Der Tod wurde im wahrsten Sinne des Wortes „begriffen“. Das war eine gute Erfahrung. Es stand auch nicht zur Debatte, dass unsere Kinder nicht auf die Beerdigung gehen. Ich glaube, sie wären sehr traurig gewesen, hätten wir sie davon ausgeschlossen. Bis heute - sie sind nun erwachsene Männer - habe ich von ihnen nie gehört, dass der Tod meines Vaters schlimme Spuren bei ihnen hinterlassen hat.

Zwei Dinge sind mir beim Tod meines Vater noch aufgefallen, die mir im Laufe meiner Berufslaufbahn immer wieder begegneten: Offensichtlich hatte mein Vater eine Sterbebettvision, als er seiner Mutter im Sterben begegnete. Es tritt häufig auf, dass Sterbende ihre lieben Verstorbenen sehen und Kontakt mit ihnen aufnehmen.

Körperlich war mein Vater eigentlich noch nicht so weit, zu sterben. Dem Sterben, das mit einem Leberversagen verbunden ist, geht normalerweise ein Koma voraus, zumindest aber eine große Verwirrtheit und Bewusstseinstrübung. Wenn die Leber nicht mehr arbeitet, vergiftet der Körper – und damit auch das Gehirn – sukzessive. Mein Vater war aber bis 24 Stunden vor seinem Tod noch fast klar. Da mein Vater immer ein rücksichtsvoller Mensch war, bin ich mir sicher, dass er sich angesichts der organisatorischen Schwierigkeiten, die auf uns zukamen, entschloss, sein Leben zu beenden. Das ist ein weiteres Phänomen, das mir später immer wieder begegnet ist und dem ich in diesem Buch ein eigenes Kapitel widmen möchte.

Was geschieht, wenn ein Mensch stirbt?

Dieses Kapitel habe ich ganz bewusst an den Anfang gestellt, weil Sie, liebe Leserin und lieber Leser, viele von den Dingen, die hier theoretisch erörtert werden, im Verlaufe dieses Buchs wiederfinden werden, wenn ich von meinen persönlichen Erlebnissen mit Menschen erzähle, die ich beim Sterben begleitet habe.

Hilfreich für Betroffene und ihre Angehörigen ist es, sich auch damit auseinanderzusetzen, was genau passiert, wenn ein Mensch stirbt. Ich erlebe immer wieder große Unsicherheit, die durch Informationsübermittlung meist verschwindet. Wenn Sie eine ungefähre Idee haben, was beim Sterben passiert und wie Sie als Angehörige darauf reagieren können, können Sie sich auf den Prozess wesentlich besser einlassen.

Bei der Beschreibung des Vorgangs finde ich die präzise Beschreibung der acht Phasen der Auflösung des Menschen im Sterben aus dem tibetischen Buddhismus sehr hilfreich. Diese Erörterung kann uns wie eine Landkarte durch das unbekannte Terrain des Übergangs eines Sterbenden führen und uns dienlich dabei sein, zu erkennen, was ein Sterbender braucht. Zudem kann sie Angehörigen mehr Sicherheit verschaffen und Ängste abbauen, die entstehen, wenn nicht gewusst wird, was als nächstes kommt.

Bei der folgenden Beschreibung stelle ich diese Landkarte nur als grobe Orientierung dar und beziehe mich auf die ersten vier Phasen.

Die erste Phase der Auflösung beginnt, wenn sich das Element Erde in Wasser auflöst. Knochen werden brüchig, Haare fallen aus, die Zähne und die Augen werden schlechter. Oft geht diese Phase mit Kraftlosigkeit, großer Schwäche und Gleichgewichtsstörungen einher. Menschen äußern ein Gefühl der Schwere, die

Empfindung des Sinkens. Mentale Störungen, wie emotionale Ausbrüche, Verwirrtheit oder Halluzinationen treten häufig auf. Menschen brauchen in dieser Phase oft Unterstützung beim Aufstehen und jemanden an ihrer Seite, der ihm Sicherheit und Klarheit vermittelt.

In der zweiten Phase löst sich das Element Wasser im Feuer auf. Es kommt zu einem Gefühl intensiver Austrocknung – die Flüssigkeitsproduktion des Körpers, wie Lymphe, Blut, Urin, Schweiß, Speichel und Tränen gerät ins Ungleichgewicht. Die Menschen klagen oft über einen trockenen Mund und Lippen sowie über ein Gefühl von Hitze. Manchmal kommt es zu einem ausgeprägten Durstgefühl, manchmal lehnt der Sterbende das Trinken ab.

Es kann hilfreich sein, ihm Eiswürfel oder Bonbons anzubieten oder den Mund mit Flüssigkeiten, die er gerne mag, auszuwischen und seine Lippen zu pflegen. In dieser Phase verflüchtigen sich oft Gefühle wie Schmerz und Freude. Dann ist es in Ordnung, wenn man die Schmerzmittel reduziert.

Der Blick des Sterbenden wendet sich nun immer mehr nach innen, so dass er nur noch wenig an dem Geschehen um sich herum Anteil nimmt. Er konzentriert sich in erster Linie auf sich. Wenn Angehörige diese Phase erkennen und richtig einzuordnen wissen, fällt es ihnen leichter, den Rückzug und die damit einhergehende Abwendung des Patienten nicht persönlich zu nehmen. Sie erkennen, dass es sich um einen natürlichen Prozess handelt und lenken den Sterbenden nicht von sich ab. Wenn Sterbende das Gefühl haben, sie müssen sich noch um die Menschen aus ihrem Umfeld kümmern, kann das den Sterbevorgang erheblich beeinträchtigen und erschweren.

Wenn sich das Element Feuer in Wind auflöst, kommt die Temperaturregelung des Körpers langsam zum Erliegen. Es kann sein, dass der Sterbende zunächst große

Hitze empfindet und im nächsten Augenblick große Kälte. Füße, Beine und Hände werden fleckig, bläulich und blass, die Nahrungsverdauung stellt sich ein. Die Atmung verändert sich, das Einatmen wird kurz und schwach, während die Ausatmung stärker und länger wird.

In dieser Phase ist es wichtig, auf die Bedürfnisse des Sterbenden einzugehen, ihm eventuell eine dünne, leichte Decke zu geben oder im umgekehrten Falle Socken und Leggings anzuziehen. Es ist nicht hilfreich, ihm – so weit er es nicht will – Essen und Trinken anzubieten oder ihn sogar überreden und nötigen zu wollen.

Die Augen des Sterbenden richten sich nun nach oben in Richtung des dritten Auges, zum Sitz unseres Bewusstseins. Dort konzentriert sich die ganze Lebensenergie. Viele Angehörige denken in dieser Phase, dass es nicht mehr möglich sei, dem Sterbenden noch etwas mitzuteilen, da er ja keine erkennbaren Reaktionen mehr zeigt. Dennoch bin ich meinen Erfahrungen nach sicher, dass Menschen das, was von Herzen kommt, mitbekommen und in sich aufnehmen. Aus diesem Grund ermutige ich alle Angehörigen, die ihrem geliebten Menschen noch etwas zu sagen haben, es ihm mitzuteilen. Dafür ist es nie zu spät.

Für den Sterbenden ist es nun hilfreich, möglichst viel Ruhe und Schutzraum zu bekommen. Das normale Bewusstsein ist getrübt und kann die Außenwelt nicht mehr einordnen. Deshalb ist es gut, ihn vor Aufregung und negativen Einflüssen zu bewahren.

Nun wird das Element Luft vom Element Raum absorbiert. Die Atmung des Sterbenden verändert sich noch einmal. Sie wird immer flacher und kann anfangen, zu rasseln. Die Atemzüge werden geringer, die Atempausen länger, bis dann der letzte Atemzug getan ist. Das typische Rasseln entsteht durch kleine Tröpfchen in den Atemwegen, die nicht mehr abgehustet werden können. Für den Sterbenden ist es nicht bedeutend, eher leiden die Zugehörigen darunter, da sie Angst haben, ihr geliebter Mensch leide, was in den meisten Fällen jedoch nicht der Fall ist.

In dieser Phase ist es sehr wichtig, die Angehörigen, die oft besorgt reagieren, aufzufangen und ihnen zu vermitteln, dass dieser Vorgang kein Leiden bedeutet, sondern dass es sich dabei um etwas ganz Natürliches handelt, das keine Angst auslösen sollte.

Wenn der Tod eingetreten ist, und man offen fühlend präsent ist, breitet sich im Raum eine friedvolle Stille aus, die auf die Angehörigen übergreift. Ein Glanz, der vom Verstorbenen ausstrahlt, ist deutlich wahrnehmbar, oft ist auch ein Lächeln auf dem Antlitz des Toten zu sehen. Schön ist es, die Reise des Verstorbenen in Konzentration zu begleiten, vielleicht mit einem Gebet oder mit ruhigem Zureden, vorwärts zu gehen, seinen Körper loszulassen, um mit der Liebe und dem Licht zu verschmelzen, das ihn gerufen hat. Je nach religiöser Geisteshaltung kann es auch schön sein, den Verstorbenen daran zu erinnern, seinen jeweiligen spirituellen Meister zu visualisieren.

Die Angehörigen sollten sich Zeit und Raum nehmen, sich zu verabschieden und ihre Trauer zuzulassen. Früher war es üblich, den Verstorbenen drei Tage zu Hause aufzubahren. Meiner Meinung nach ist dieser Brauch bei der Trauerverarbeitung äußerst hilfreich, weil die Hinterbliebenen besser verstehen können, dass der Verstorbene seine physische Form tatsächlich verlassen hat.

Angela

Ich sitze mit Angela, meiner Freundin aus der Schulzeit, beim Frühstück. Uns wird auf einmal klar, wie schnell doch die Zeit vergeht. Einige aus unserer gemeinsamen Jugendzeit sind bereits gestorben, und wir befinden uns mitten in den Wechseljahren. Angela arbeitet als Sozialarbeiterin auf einer neurologischen Station in der Uniklinik. Auch sie hat ständig Tod und Abschiednehmen vor Augen.

Wir fragen uns, was wir selbst dazu tun, um uns auf den Tod einzulassen. Angela hat dazu eine schöne Geschichte erzählt. Vor zwei Jahren schrieb sie ihrem Vater statt eines Weihnachtsgeschenks einen Brief, in dem sie ihm ihre Dankbarkeit ausdrückte. Sie sprach von dem, was ihr Vater ihr mitgegeben hat. Dabei hat sie aber auch nicht ausgelassen, was ihr gefehlt hat. Es war eine intensive Auseinandersetzung bezüglich ihres Verhältnisses. Am Ende sah Andrea die Verbindung zu ihrem Vater in einem ganz anderen Licht als zuvor. Auch für sie war es ein Geschenk.

Ihr Vater hat sich sehr über den Brief gefreut. „Er hat sich sogar bedankt“, erzählt Angela, „obwohl er sich sonst nie für etwas bedankt hat.“ Immer wieder kommt der Vater seitdem auf diesen Brief zu sprechen. Neulich habe er ihn verloren und dann in der Sofaritze wiedergefunden. Er schließt das Gespräch immer wieder mit einem tiefen „Danke“.

Was für einen Frieden kann solch eine Geste mit sich bringen? Wie schön, das noch zu Lebzeiten getan zu haben. Welch eine Freude auf beiden Seiten. Solche Erlebnisse bringen uns immer wieder zur gleichen Schlussfolgerung: „Lasst uns nicht so lange warten, uns gegenseitige Wertschätzung auszusprechen, denn niemand weiß, ob es nicht irgendwann zu spät dafür ist.“

„Einen Garten habe ich mir immer gewünscht“

Eines Tages kamen eine Frau, die im Rollstuhl saß, und ihr Sohn zu uns ins Hospiz. Sie äußerten die Bitte, sich unser Haus ansehen zu dürfen. Ich lud sie ein und führte sie durch Haus und Garten und erfuhr dabei, dass die Dame so stark erkrankt war, dass sie sich zu Hause nicht mehr allein versorgen konnte. Die Frau erzählte sehr klar und aufgeräumt. Sie wusste um ihre Diagnose und hatte klar in ihrem Kopf, dass sich ihr Zustand schnell stetig verschlechtern würde. Als sie in unseren Garten kam, rief sie begeistert: „Einen Garten habe ich mir schon immer gewünscht. Wann darf ich zu Ihnen kommen?“

Diese Haltung erlebt man nicht häufig. Die meisten Menschen kommen verunsichert, ängstlich, manche sind verärgert und verbittert. Verunsichert, da sie nicht wissen, was sie bei uns antreffen, ängstlich, weil sie keine Vorstellung haben, was sie erwartet. Viele denken: „Mit dem ersten Schritt ins Hospiz bin ich tot.“ Für sie ist es das Todesurteil, das aus ihrer Sicht auch noch ihre Angehörigen für sie gefällt haben. Ein Freund von mir lag sterbend auf einer normalen Krankenhausstation und sollte auf eine Palliativstation verlegt werden. Er wehrte sich vehement dagegen, weil er dachte: „Wenn ich dort liege, dann sterbe ich.“ Tatsächlich ist er am Tag darauf dann auf der normalen Station verstorben.

In der Tat ist es ein Schritt, sein Zuhause loszulassen, um an einen Ort zu ziehen, von dem man mit großer Sicherheit weiß, dass man ihn nicht lebend verlassen wird. Wie viel Vertrautheit, Gewohnheit, wie viele geliebte Dinge und Erinnerungen, die man zurücklassen muss. Das ist wahrlich ein schwerer Schritt. Und sich einer fremden Umgebung und fremden Händen anzuvertrauen, ist eine Herausforderung, die auch noch dazu kommt.

Bei einigen Menschen ist großer Ärger zu spüren. Ärger auf ihre Angehörigen, die an ihre Grenzen gekommen sind und die Pflege zu Hause nicht mehr allein bewältigen können. Ärger auf ihre Krankheit, auf ihr Schicksal. Viele zeigen offen ihren Widerstand, und manchmal ist es unmöglich, es ihnen recht zu machen. Damit professionell umzugehen heißt für uns Pflegepersonal, hinter die Kulissen zu schauen. Hinter dem Ärger die Ängste, die Sorgen, die Trauer, die Enttäuschung und manchmal auch die Panik zu erkennen. Es ist unsere Aufgabe, dem Gast Zeit zu geben, damit er die wirklichen Gefühle in sich aufnehmen kann, die in ihm sind.

Nach einer Weile des Ankommens machen die meisten Gäste die Erfahrung, dass sie sich in ihrer neuen Umgebung entspannen können. „So gut versorgt wie hier bin ich noch nie in meinem Leben", ist eine typische Reaktion. Oder: „So viele Freiheiten hatte ich zu Hause nie." Solche Sätze hören wir oft, sie haben tatsächlich ihre Berechtigung.

In einem Hospiz ist für alle Äußerlichkeiten gesorgt. Es gibt gutes Essen, frisch zubereitet, oft auf die Wünsche der Gäste abgestimmt. Es gibt fürsorgliche Pflege, fachgerecht und emphatisch. Immer ist Zeit für ein Gespräch. Falls notwendig, ist ein Arzt ansprechbar. Das Umfeld des Gastes ist so gestaltet, dass er sich ganz auf sich konzentrieren kann. Auch die Angehörigen sind dadurch spürbar entlastet und bekommen viel mehr Raum, die letzte Lebensphase ihres geliebten Menschen zu genießen.

Viele Aspekte geben uns eine ungewohnte Freiheit: „Wollen Sie morgens länger schlafen? Tun Sie das! Möchten Sie Zähneputzen? Nein, keine Lust heute Morgen? Auch gut. Sie möchten ein Glas Wein zum Frühstück? Warum denn nicht. Vielleicht gibt es Dinge, die Sie sich noch nie in Ihrem Leben erlaubt haben, und nun machen Sie es einfach. Es ist erlaubt."

Es kommt auf keine Äußerlichkeiten mehr an, die Etikette spielt keine Rolle mehr. Ist das nicht schön?

Wir erleben immer wieder Gäste, denen es wirklich schlecht geht, wenn sie zu uns kommen. In der schützenden Umgebung des Hospizes leben sie noch einmal auf und erleben nicht selten noch viele Monate bis Jahre. Ab und an haben wir sogar Gäste wieder nach Hause entlassen können.

Das ist ein Punkt, den ich immer wieder zu bedenken gebe: Man stirbt nicht früher, weil man in ein Hospiz kommt. Im Gegenteil: Die Chancen, im Hospiz länger zu leben, stehen gut. Sterben tut man, und zwar dann, wenn es an der Zeit ist. Ob wir diesen Zeitpunkt bewusst oder unbewusst beeinflussen können, ist eine lohnenswerte Frage. Ich möchte Sie, liebe Leserin und lieber Leser, auffordern, beim Lesen der Geschichten in diesem Buch darauf zu achten, inwieweit Sterbende Einfluss auf ihren Tod nehmen können. Wenn es uns gelingt, uns die Angst vor Kontrollverlust zu nehmen, haben wir schon viel gewonnen. Denn wenn wir den Zeitpunkt unseres Todes – wovon ich überzeugt bin – zumindest teilweise mitbestimmen können, sind wir ihm nicht hilflos ausgeliefert. Wir haben – wenn wir das wollen – immer die Kontrolle über unser Leben. Bis zum letzten Atemzug.

Frau Wilde

Frau Wilde kam aus einer Einrichtung des Betreuten Wohnens zu uns. Sie war 92 Jahre alt, was man ihr allerdings nicht ansah. Sie war stets chic angezogen, geschminkt, eine sehr schöne, alte Dame. Mit ihrer würdevollen Ausstrahlung zog sie uns alle in ihren Bann. Sie war bis zum Schluss klar, selbstbestimmt und nahm nur dort Hilfe an, wo es gar nicht anders ging. Ihr Hauptproblem war ihre Luftnot.

Als sie zu uns in das Hospiz kam, war ihr klar, dass sie zum Sterben gekommen war. Nur und das gab sie uns unmissverständlich zu verstehen, würde sie noch gar nichts in diese Richtung fühlen. So nahm sie sich Zeit, ihre letzten Wochen zu genießen. Sie hatte ein Zimmer mit eigener Terrasse, auf der sie jeden Tag saß, Kreuzworträtsel löste oder las. Ihre Leidenschaft waren Gedichte. Des Öfteren unterhielten wir uns über Gedichte und Balladen. Dabei war sie ein Mensch, der in die Tiefe schaute.

Frau Wilde hatte eine Tochter und einen Sohn. Ihre Tochter war vor einigen Jahren zu ihrem Kummer an Krebs verstorben. Mit ihrem Sohn hatte sie nach einem Zerwürfnis keinen Kontakt mehr. „Damit bin ich durch“, sagte sie mir eines Tages und klang dabei traurig. Ich hatte den Eindruck, dass es das Ende eines längeren Trauerprozesses sei, in dem sie Abschied von ihrem Sohn genommen hatte. Ein Enkel hatte die Betreuung übernommen und besuchte sie ab und zu. Zudem hatte sie einige Freunde, die nach ihr schauten. Sie war in ihrer Alteneinrichtung als geselliger Mensch in Erinnerung geblieben und liebte das Skatspielen.

Im Hospiz zog sich Frau Wilde immer mehr in sich zurück. Sie war viel allein und wollte es auch sein. Zum Essen in den Gemeinschaftsraum zu kommen, mochte sie nicht. Mit der Zeit setzte auch immer mehr die Schwäche ein, ihre Luftnot wurde stärker. Eine kleine Morphingabe ab und an verschaffte ihr Erleichterung. Aber bis zum Schluss meldete sie sich, um selber die Menge zu bestimmen, die sie haben wollte.

So kam es, dass sie sich immer öfter hinlegte, längere Mittagsschläfchen hielt und allgemein äußerte, sie fühle, dass sie immer weniger könne. Nie klagte sie darüber, eher stellte sie es fest.

Als ihr ein Ausflug mit anderen Hospizgästen mit dem Schiff nach Linz am Rhein angeboten wurde, war sie Feuer und Flamme und entschied sofort, mitzufahren. Sie kam aus Linz, hatte dort Freunde und liebte den Fluss. Je näher der Ausflugstag kam, desto schwächer wurde sie. Und dann sagte sie ab, sie könne nicht mitkommen, so leid es ihr tue. Es gehe ihr nicht gut, sie schaffe das nicht mehr.

Frau Wilde war traurig, aber hat nicht geklagt. Mit diesem Tag baute sie immer mehr ab, und es war zu spüren, dass ihr Ende nahte. Kurze Zeit später äußerte sie den Wunsch, nun sterben zu wollen – und zwar schnell. Man hatte das Gefühl, sie wolle es hinter sich bringen. Gemeinsam suchten wir mit ihr die Kleidung aus, die sie angezogen haben wollte, wenn sie verstorben war. Zunächst meinte Frau Wilde, wir sollen das aussuchen, doch dann gab sie genaue Anweisung. „Möchten Sie geschminkt werden?“ „Nein, auf gar keinen Fall.“ Auch in diesem Punkt war sie klar. Zwei Tage später machte sie sich auf den Weg. Sie sagte zu mir, ich solle ihr „jetzt den Gnadenstoß versetzen“.

Stattdessen riet ich ihr, Kontakt mit ihrer verstorbenen Tochter aufzunehmen und sie zu bitten, sie zu holen. Das war mittags. Am Nachmittag ließ sich Frau Wilde abschminken und starb am Abend im vollen Bewusstsein. Friedlich und für sich allein. Sie ging ihrem Tod aufrichtig und würdevoll entgegen. Kein Hadern, keine Angst, voller Vertrauen, sich dem natürlichen Gang der Dinge hingebend. Sie nahm es mit, ein Leben voller Freude und Trauer, angereichert von Akzeptanz, Gelassenheit und Weisheit. Ein erfülltes Leben.

Frau Danne

Frau Danne kam aus ihrem Zuhause zu uns. Sie war eine betagte Dame und legte großen Wert auf ihr Äußeres. Sie hatte schöne Nachtwäsche mit und teure, feine Hautpflegemittel. Als sie bei uns ankam, war sie ganz begeistert von ihrem Zimmer. Immer wieder betonte sie, wie schön es hier sei. „Das ist doch ein schöner Platz zum Sterben, oder? Hier habe ich sogar einen Fernseher, und alle sind so nett zu mir."

Bei ihrer Ankunft ging Frau Danne in den Gemeinschaftsraum und nahm ihre Mahlzeit mit anderen Gästen ein. Das blieb das einzige Mal. Danach verließ sie ihr Zimmer nicht mehr. Am Anfang wuschen wir sie im Bad, und sie war begeistert von der Zuwendung und der Pflege. Stolz zeigte sie ihre Brüste und betonte, wie gut sie sich im Alter noch gehalten hatten. Immer öfter kam die Bemerkung, dieser Platz sei schön, um zu sterben.

Immer mehr zog sich Frau Danne vom Leben zurück. Zunächst wollte sie nicht mehr gewaschen werden. Wir nutzten die Gelegenheit, sie frisch zu machen, wenn sie auf die Toilette ging. Sie lehnte Essen komplett ab. Ab und an freute sie sich über einen Kaffee mit Milch, aber in den darauf folgenden Tagen rührte sie auch den nicht mehr an. Ihre Schwester kam und äußerte den Wunsch, ihr die Fingernägel zu schneiden. Brüsk lehnte Frau Danne ab. Es war, als suche sie immer mehr Abstand vom Leben. Dazu passte, dass Frau Danne immer schwächer wurde. Das Gehen zur Toilette wurde immer abenteuerlicher, bis sie nur noch mit viel Mühe auf den Toilettenstuhl mobilisiert werden konnte.

Auf alle Fragen, die wir ihr stellten, bekamen wir nur ein Lächeln und ein deutliches „Nein". Frau Danne signalisierte uns unmissverständlich, sie wolle in Ruhe gelassen werden und nur noch schlafen.

So lag sie zehn Tage im Bett und wurde immer weniger. Es wurde immer stiller um sie, sie zog sich einfach in sich und aus dem Leben zurück. Bis sie allein für sich ihren letzten Atemzug tat. Ohne Klagen, einfach auf natürliche Art und Weise.

Die Art, wie sie ihre letzten Tage gestaltete, hat mich sehr berührt. In ihrem Auftreten waren weder Angst noch Widerstände noch Fragen zu spüren. Frau Danne hat mir gezeigt, wie es ist, wenn man das Sterben als einen völlig natürlichen Vorgang annimmt. So stelle ich mir das Sterben in den Naturvölkern vor, wo sich die alten Menschen verabschieden, wenn sie fühlen, dass ihre Zeit gekommen ist, sich in die Einöde zurückziehen, um dort friedlich von uns zu gehen.

Frau Schell: „Zum Hadern habe ich keine Zeit!“

Frau Schell hat einen Gehirntumor. Sie ist im mittleren Alter und kommt zu uns, weil sie einseitig gelähmt ist und Hilfe bedarf. Sie hat einen Ehemann, zwei Töchter und einen sechs Monate alten Enkel. Überall in ihrem Zimmer hängen Fotos von ihrer Familie.

Als ich morgens in ihr Zimmer trete, ist sie schon wach und strahlt mich an. „Womit sollen wir beginnen, mit der Pflege oder mit dem Frühstück?“ Sie überlässt mir die Entscheidung und wir einigen uns auf Frühstück. Schwerfällig mobilisiere ich sie auf die Bettkante. Ihr Appetit wäre immer noch so gut wie früher, und sie genieße nun ihr Essen.

Im Laufe des Vormittags kommen wir uns näher. Wir sind sehr schnell bei tieferen Themen. Es fällt mir auf, wie positiv Frau Schell eingestellt ist. Und dann fällt ein Satz von ihr, der mich berührt und den ich nie mehr vergessen möchte: „Zum Hadern habe ich keine Zeit!“ „Mir ist in meinem Leben klar geworden, dass ich verantwortlich bin für mein Leben. Und ich habe beschlossen, dass ich keine Zeit habe, zu hadern. Ich möchte vielmehr jede Minute, jede Sekunde meines Lebens noch intensiv erleben und mich an der Schönheit erfreuen.“ Das sitzt. Da ist ein Mensch, Anfang 60, mit einem fortschreitenden Hirntumor und redet von Schönheit. Wieder einmal überkommt mich dieses Gefühl der Dankbarkeit, solchen Menschen zu begegnen, die mich daran erinnern, wie kostbar jede Minute unseres Lebens ist und mir zeigen, wie unfassbar positiv man mit Krisen umgehen kann. Frau Schell erzählt mir, dass es eine Haltung sei: Sie hätte sie sich in ihrem Leben erarbeitet. Und viele, viele schöne Momente erlebt. Oft hätte sie mit ihrem Mann und einem Picknickkorb an einem See gesessen und war sich der Schönheit dieses Momentes bewusst. Es ginge so einfach, und dazu bräuchte man keine großen Reisen.

Wir sprechen über Angst vor dem Sterben. Auch in diesem Punkt ist sie klar. Nein, davor hätte sie keine Angst. Und dafür gäbe es zwei Gründe: Der erste wäre die Begleitung beim Sterben ihrer Mutter: Zu sehen, wie sanft man dahingleiten könnte, das hätte ihr die Angst vor dem Sterben genommen. Und der zweite Grund sei ihr praller Lebensrucksack. Sie hätte so erfüllt gelebt, dass sie in Frieden sei mit ihrem Leben. Na klar, wenn sie ihren Enkel anschauen würde, wie er jetzt langsam anfinge, die Welt zu entdecken, dann würde sie denken, das möchte ich noch vierhundert Mal sehen. „Und ich habe es einmal sehen dürfen“, sagt sie, „und dafür bin ich unendlich dankbar.“ Zwischendurch rollen dann doch einige Tränen. Und auch das darf sein - es ist einfach traurig, bestimmte Dinge nicht mehr erleben und tun zu können. Sie lässt die Traurigkeit zu, lässt sie durch sich durchfließen und schaut dann wieder nach vorn. Weiter geht’s ...

Sie habe keine Ziele mehr, sondern nur noch Ideen. Zum Beispiel, ihren Enkel noch laufen zu sehen. Was wäre für sie der Unterschied zwischen Idee und Ziel frage ich. Ein Ziel wäre etwas Festgelegtes, etwas Starres. Wenn man es nicht erreichen würde, dann wäre man enttäuscht. Eine Idee dagegen ist etwas Flexibles, sie ist korrigierbarer und setzt einen nicht so sehr unter Druck. Und bei einer Idee ginge es eher um die Momente auf dem Weg dahin, die schon voller Freude seien. Diese Haltung erinnert mich an den Satz: „Der Weg ist das Ziel." Da geht es ja auch eher um den Weg zum Ziel, nicht um das Ziel selber.

Die Angst vor dem Sterben wäre doch bei vielen Menschen die Angst, nicht gelebt zu haben. Da muss ich ihr Recht geben, diese Beobachtung habe ich auch schon oft gemacht.

Frau Schell bedankt sich bei mir für meine Zeit und unser Gespräch. Dass sie mich so lange aufgehalten hätte. Und ich? . Ich bin berührt, angefüllt, daran erinnert, wieder achtsamer mit meinem Leben und in meinem Leben zu sein. Und mindestens genauso dankbar über unsere Begegnung. Was für ein Geschenk heute....

Frau und Herr Reiser: Nicht die Orte sind wichtig, sondern die Momente

Das Zimmer ist abgedunkelt. Leise klingt klassische Musik aus einem CD-Player. Frau Reiser liegt auf dem Bett, ihr Mann sitzt neben ihr und streichelt ihr immer wieder über den Arm. Es ist eine ruhige, friedliche Atmosphäre, ein Einklang zwischen diesen beiden Menschen ist deutlich zu spüren. Frau Reiser ist 80 Jahre alt, bis vor kurzem ging es ihr gut. Doch dann bekam sie von einem Tag auf den anderen Schmerzen und Übelkeit.

Danach ging alles sehr schnell. Bei ihr wurde Krebs im Endstadium diagnostiziert, innerhalb von acht Wochen begab sie sich in unser Hospiz. Ihr Mann entschied sich, bei ihr im Zimmer zu übernachten und sie zu begleiten.

Immer wenn man in dieses Zimmer kommt, fängt es an, zu glänzen. Das liegt wohl an dem Glanz der Augen, die diese Beiden ausstrahlen. Sie sind ein Team, sie sind über all die vielen Jahre gefestigt. Sie kennen und lieben sich seit ihrer Schulzeit und haben schon manche Krise gemeinsam überwunden.

Ich habe sie einmal gefragt, wie sie es geschafft haben, ihre Ehe über eine so lange Zeit in Harmonie zu führen. Das liege unter anderem an einem Ritual, verriet mir Frau Reiser mit einem geheimnisvollen Lächeln. Sie nahmen sich ab und an einen Tag frei, gestalteten ihn besonders schön, um sich in einer ruhigen, nicht emotional aufgeladenen Atmosphäre auszutauschen. Um darüber zu reden, was ihnen beiden auf dem Herzen lag. Das habe immer gut funktioniert.

Wenn die beiden voneinander sprachen, dann immer mit großem Respekt. Er war im künstlerischen Bereich tätig gewesen, sie hat sich immer an seinen Prozessen erfreut. Sie hatten keine Kinder bekommen können, was sie etwas traurig stimmte. Stattdessen unternahmen sie viele Reisen mit einem Wohnmobil.

In Erinnerung an diese Reisen lebten sie gemeinsam auf und betonten: „Ja, wir hatten wunderschöne Begegnungen, haben so viele interessante Dinge gesehen, in einer Zeit, in der man noch überall stehen durfte, wo immer es schön war. Immer wieder erzählten sie mir von besonderen Reisezielen: Marokko, Türkei, Griechenland. Und dann war es wieder da, dieses erfüllte Lächeln in beiden Gesichtern.

Irgendwann sah ich Herrn Reiser mit Reisetagebüchern am Bett seiner Frau sitzen. Er las ihr daraus vor. Sie hatten sich entschieden, auf ihren Reisen lieber zu schreiben, als zu fotografieren. Das bilde die Atmosphäre intensiver ab. Ganz entscheidend war ihnen dabei: „Nicht die Orte waren wichtig, sondern die Momente.“ Diese Erkenntnis hat mich tief berührt.

Frau Reiser wurde von Tag zu Tag schwächer. Sie ging langsam und in vollkommenem Frieden. „Mein Leben war so schön, so erfüllt. Ich hatte stets so liebe Menschen um mich. Und darüber bin ich so dankbar.“ Und: „Erstaunlich, dass immer noch weniger geht und Sterben so lange dauern kann.“ Ihr Mann begleitete sie bis zum letzten Atemzug. Bis zum letzten Moment lachten und weinten sie gemeinsam an ihrem Bett. Er ließ sie gehen. In Dankbarkeit.

Ich frage mich: Was hat das Sterben von Frau Reiser so sanft gemacht? Aus meiner Erfahrung heraus sind Menschen, denen es gelingt, friedvoll gehen zu können, diejenigen, die dankbar auf ein erfülltes Leben zurückblicken. Dabei sieht ein erfülltes Leben für jeden Menschen anders aus. Manche blicken zurück auf ein reiches Familienleben, manche auf eine erfolgreiche berufliche Karriere, manche auf ein Leben voller Abenteuer.

Ich denke, ein erfülltes Leben hängt auch von dem ab, welchen Sinn ich meinem persönlichen Werdegang geben möchte. Dabei ist es eine schwierige Aufgabe, einen Sinn festzumachen und ihn zu definieren. Versuchen Sie es doch einmal, und am Besten halten Sie Ihre Gedanken schriftlich fest. Von Zeit zu Zeit verfeinern Sie dann den Sinn Ihres Lebens. Schließlich ist eine Sinngebung nichts Statisches, sondern kann sich im Rahmen einer Persönlichkeitsentwicklung durchaus verändern.

Für ein erfülltes Leben hilft es uns, wirklich intensiv zu leben. Schöne Augenblicke aufzusaugen wie ein Schwamm. Die tollen Momente nicht nur zu fotografieren, sondern sie im Herzen zu bewahren. Das haben Frau und Herr Reiser gemacht.

Sie reisten sprichwörtlich noch einmal gemeinsam in diesem Zimmer durch ihre Zeit, holten sich Momente und die Atmosphäre ihrer gemeinsam gelebten Vergangenheit zurück. Sie öffneten ihre Schatzkiste, holten daraus ihre gesammelten Juwelen und ließen sie funkeln, als wären sie noch einmal mit ihrem Wohnmobil unterwegs, um gemeinsame Abenteuer zu erleben.

Diese Art der Herangehensweise kann für Menschen, die beeinträchtigt sind, äußerst hilfreich sein. Als Angehörige und Begleiter können sie diese wertvollen Erinnerungen wieder zum Leben erwecken, indem sie zum Beispiel Fotoalben hervorholen; dann bitten Sie ihr Gegenüber die Augen zu schließen und fangen an zu erzählen. Dabei sprechen Sie möglichst viele Sinne an, nach dem Motto: „Stell Dir mal einen weiten leeren Strand vor, ein türkisblaues Meer. Stell Dir vor, wie Du hörst, wie die Wellen schlagen, wie die Gischt in Dein Gesicht spritzt, wie der Salzgeschmack in Deinem Mund schmeckt. Wie die Sonne leicht über Deine Haut streichelt."

Sie werden erleben, dass es dann fast keinen Unterschied mehr macht, ob Sie nun wirklich am Strand sind oder ob Sie Ihre gesammelten Eindrücke aus Ihrer Schatzkiste hervorholen. Denn das ist ja das Schöne: Wir tragen das alles in uns. Wir müssen nur bereit sein, es ans Tageslicht zu bringen.

Anna: Sterbebettvisionen

Anna war bereits ein halbes Jahr bei uns im Hospiz. Sie kam mit Lungenkrebs und Hirnmetastasen. Anna hatte früher selbst als Krankenschwester gearbeitet, nun war sie eine schwerkranke Patientin. Ihr fiel es schwer, den Verfall ihres Körpers mitzuerleben. Es gab Zeiten, da konnte sie nicht allein sein. Sie rief ständig und schimpfte, wenn sie zu wenig Beachtung bekam. So sorgten wir dafür, dass fast immer jemand an ihrem Bett saß und einfach nur für sie da war. In ihrer zunehmenden Verwirrung durch die Hirnmetastasen hatte Anna immer wieder klare Augenblicke, in denen sie ihre Situation realisierte und einordnete. Das machte sie unglaublich traurig und verzweifelt.

Diese Unruhe hielt bei ihr einige Wochen an. Dann – von einem Moment auf den anderen – veränderte sich ihr Verhalten. Anna wurde ruhiger, schlief viel, aß weniger und nahm an ihrer Außenwelt kaum noch teil. Eines Tages, als ich Dienst hatte, fing sie an - wie ich immer sage - zwischen den Welten hin und her zu pendeln. Wenn sie wach wurde, rief sie immer wieder laut: „Heribert“.

Ihr Ehemann war durch die langandauernde Situation seiner Frau stark belastet. Er kam regelmäßig, um mit Anna das Mittagessen einzunehmen. Wie jeden Tag saß er auf einem Stuhl neben ihrem Bett. Ich ging zu ihm, um ihn ein wenig zu unterstützen. „Sie hat immer laut nach Ihnen gerufen“, sagte ich, „Heribert“. „Ich heiße Joachim“, antwortete er, „Heribert ist ihr Bruder, der bereits 1982, drei Wochen nach unserer Hochzeit an Krebs gestorben ist.“

Wie viele andere Sterbende hatte Anna bereits Kontakt zu einem ihrer Verstorbenen aufgenommen. Dieses Phänomen begegnet uns im Hospiz regelmäßig, und es wird bei uns ernst genommen. Oft, gerade in einer Atmosphäre, in der Sterben nicht häufig stattfindet, wird es leider als Halluzination oder Delir abgetan. Obwohl es ein häufig zu beobachtendes Phänomen ist, ist es in der Öffentlichkeit kaum bekannt.

Just an diesem Tag erzählte mir ein Ehemann eines anderen Gastes, seine Ehefrau nenne zunehmend den

Namen ihres verstorbenen Vaters. Auch mein Vater hat, kurz bevor er seinen letzten Atemzug tat, in die Luft gefasst, als wenn ihn jemand an die Hand nähme, und „Mutti“ gesagt.

Ich finde die Vorstellung, dass wir von lieben Menschen, die vorangegangen sind, abgeholt werden, beruhigend und tröstlich. Ich kann nur jeden ermutigen, öfters Leute dazu zu befragen, die beim Sterben von Menschen anwesend waren. Es gibt über dieses Phänomen so viele Erfahrungsberichte. Am Ende kann man sich dann seine eigene, ermutigende Vorstellung über das Sterben, besonders den Übergang, machen.

Herr Werner: Mit Rosen bedeckt

Für die meisten Menschen, denen ich begegne, ist es nicht so schlimm, tot zu sein. Vielmehr haben sie Angst vor dem Sterben, vor dem Leid an sich. Dabei ist es hilfreich zu unterscheiden: Zwischen dem Leid, das wir nicht ändern können, und dem Leid, das wir selbst gestalten können. Ersteres gehört zum Leben und bildet einen wichtigen Teil unseres Daseins auf der Welt. Es ist gewissermaßen der Preis unseres Lebens. Diesem Teil müssen wir uns anpassen, wir müssen lernen, mit der Welle zu schwimmen. Wenn uns das gelingt, werden wir reifen und vielleicht eines Tages die Erfahrung machen, uns von etwas Größerem getragen zu fühlen. Mit Sicherheit wird es uns eine andere Ebene eröffnen. Wenn die äußere Welt wegfällt und wir uns auf unsere inneren Welten beziehen müssen, wenn unsere Mobilität und unser Aktionskreis abnehmen, dann öffnet sich oft die Welt des Gefühls. Das notwendige Leid baut eine Brücke auf zu unseren Mitmenschen. Diese Brücke ist die des Mitgefühls.

Auf die Art wie wir sterben, können wir Einfluss nehmen. Die Palliativmedizin lindert das körperliche Leiden so gut es geht. Für unser seelisches Leiden sind wir selbst verantwortlich. Wir können es beeinflussen und gestalten, indem wir immer wieder innehalten und uns fragen, was wirklich wichtig ist. Und indem wir trauern um das, was verloren ging. Das macht uns bereit, einen Schritt vor den anderen zu setzen.

Sein Leben zur Erfüllung zu bringen – und das sieht für jeden von uns anders aus – bringt Frieden und Transzendenz. Wir sterben nicht, weil alles so schrecklich geworden ist, sondern weil sich unser Leben rund und in sich abgeschlossen anfühlt.

Und noch etwas ist immens wichtig für den letzten Lebensabschnitt. Dass wir in einer Atmosphäre sind, in der wir uns wohlfühlen, in der wir unbeschwert sein können. Das lässt uns zu unserem inneren Frieden finden. Dabei erleben wir intensiv mit unseren Sinnen: Den Geschmack eines guten Essens mit einem schönen Glas Wein, das Singen eines Vogels, das Berühren einer Hand. Wir merken, dass wir menschlich sind, und das in einem Körper, der dabei ist, sich zu verabschieden. Wir erleben Würde und Wohlbefinden und den Reichtum eines jeden Augenblicks, weil es kaum noch Zukunft gibt.

Was in diesen Ausführungen ein wenig theoretisch klingt, möchte ich anhand eines Gastes verdeutlichen, der nur zwei Wochen bei uns war. Wie viel Potenzial in diesem Gast steckte, obwohl er sich bereits in einem sehr reduzierten Körperzustand befand, zeigte uns seine beeindruckende letzte Lebensphase.

Gestern ging Herr Werner von uns. Mit zahlreichen Rosenblättern bedeckt liegt er da und strahlt Ruhe und Frieden aus. Um ihn herum befinden sich winterliche Blumen aus seinem Garten. Schneeglöckchen, Krokusse, Christrosen. Sie stammen aus dem Garten, den er bis vor seiner Krankheit noch pflegte und aus dem er Kraft und Jugendlichkeit schöpfte.

Die Tochter und der Sohn von Herrn Werner stehen neben seinem Bett, und wir sind berührt angesichts seines gelebten Lebens. Auch ich hatte eine besondere Beziehung zu ihm. Es war Sympathie auf den ersten Blick, eine echte Herzensbeziehung, die vom ersten Moment an vorhanden war.

Herr Werner erzählte viele Dinge aus seinem Leben und war sehr an meinem Leben interessiert. Während der Pflege kam es zu bereichernden Gesprächen über unsere Reisen und unsere Erlebnisse, aber auch zu einem Austausch über tiefe Lebensthemen. Herr Werner hatte viel zu früh und ganz plötzlich seine Frau verloren, seine beiden Kinder allein großgezogen, eine Firma geleitet und war ein gebildeter Mann. Ein Mann mit Format. Gradlinig, einer, der weiß, was er will und Würde und Höflichkeit ausstrahlt. Was mich besonders beeindruckte, war sein für einen 88-Jährigen verblüffendes Gedächtnis.

Herr Werner kam zu uns mit Prostatakrebs im Endstadium. Er war sein ganzes Leben nie krank gewesen und hatte die Auseinandersetzung mit Krankheit und Tod stets gemieden. Auch als man Jahre zuvor bei ihm erhöhte Risikofaktoren feststellte, reagierte er nicht. Sieben Jahre ging das gut, dann holte ihn die Krankheit ein. Seit anderthalb Jahren war er zu Hause auf Hilfe angewiesen, die ein Pflegedienst leistete. Zuletzt verschlechterte sich sein Zustand derart, dass er sich entschloss, die Therapien abzubrechen. Um seine Kinder, die extra aus Hamburg und den USA angereist waren, zu entlasten, wählte er für seine letzte Lebenszeit das Hospiz.

Bei seiner Ankunft war bei Herrn Werner eine leichte Unzufriedenheit zu spüren. Er hätte sich das Zimmer größer vorgestellt, ihn störten die Geräusche von rückenden Stühlen im Stockwerk über ihm und den

Empfang seines geschätzten Deutschlandfunks konnten wir zunächst auch nicht ermöglichen. Aber nach kurzer Zeit begann Herr Werner damit, andere Dinge zu schätzen. Die offene und warme Atmosphäre des Hauses, neue, aufgeschlossene Schwestern und den liebevollen, respektvollen Umgang miteinander. Er ließ sich darauf ein und alle Äußerlichkeiten waren vergessen. Ein Umzug in ein anderes Zimmer stand nicht mehr zur Debatte.

Was machte Herrn Werner in diesem Lebensabschnitt aus? Aus meiner Sicht war es sein Vermögen, sein Leben mit und aus dem Herzen heraus zu sehen. Er liebte die Berührung und er ließ sich berühren. An einem Nachmittag saßen die Musiktherapeutin und ich an seinem Bett und wir sangen unter anderem das Lied „Guten Abend, gute Nacht, mit Rosen bedacht.“ Dabei hielt Herr Werner die ganze Zeit meine Hand und streichelte sie. Die innige und dichte Atmosphäre ließ uns pure Gegenwärtigkeit spüren. Was für ein reicher Moment, was für ein Geschenk.

Ein anderes Mal waren es unsere pflegerischen Einreibungen, die Herr Werner ganz und gar in sich aufnahm. Wir hatten immer wieder solch intensive Augenblicke. Bei der Frage, ob er auf ein erfülltes Leben zurückschaue, bejahte er mit einem Strahlen auf seinem Gesicht. Und auch, als wir uns gegenseitig sagten, wie gern wir uns mögen.

Herr Werner wurde sehr schnell schwächer. Er hörte auf, zu essen, seine Anämie raubte ihm jegliche Lebenskraft. Er schlief viel und suchte oft Momente des Alleinseins.

Es kam der Tag, an dem er seine Kinder benachrichtigen ließ, er wolle sich jetzt von ihnen verabschieden. Auf seine Kinder war Herr Werner stolz und war gerne mit ihnen zusammen. Beide kamen und es ergab sich der Augenblick, in dem sie ihm ihre Wertschätzung noch einmal ausdrückten.

Danach kündigte Her Werner an: „So, jetzt ist es gut. Jetzt will ich sterben.“ Meine Kollegin, zu der er das sagte, erklärte ihm, dass mit dem Sterben ginge nicht so rasch und wies ihn darauf hin, dass er dafür noch eine viel zu kräftige und feste Stimme habe. Aber da hatte sie die Persönlichkeit von Herrn Werner unterschätzt: Nur zwei Stunden später tat er ganz im Frieden mit sich im Beisein seiner Tochter seinen letzten Atemzug. Er hatte seine Ruhe gefunden – mit Rosen bedeckt.

Durch intensive Gespräche mit seinen Kindern erfuhr ich von einer beeindruckenden Wandlung und Reife des mir liebgewonnenen Menschen, den ich nur zwei Wochen kennengelernt hatte. Herr Werner war zeitlebens ein sehr gradliniger, rationaler Mensch gewesen. Er wusste, was er wollte und forderte es auch ein. Er legte viel Wert auf sein Äußeres, mied die Themen Vergänglichkeit und Tod.

Mit seiner Krankheit traten notgedrungen andere Aspekte in sein Leben. Er wurde gebrechlicher, war auf Hilfe angewiesen und musste ein Stück Kontrolle abgeben. Und es geschah eine Wandlung, die seine Kinder nicht für möglich gehalten hatten: Er öffnete sich und wurde demütig. Demut den Dingen gegenüber, die nicht wandelbar waren. Herr Werner verlor sich dabei aber nicht. Demütig gestaltete er das, was er gestalten konnte. Er hat es geschafft, zwei Gegensätze zu einer Einheit zu formen. Und das lässt mich demütig werden.

Der vorher so geradlinige Mann wurde weich und durchlässig. Er schaffte es, sein Herz zu öffnen. Durch dieses offene Herz war er empfänglich für den Reichtum, den der einzelne Moment trotz seines Leidensweges noch bot. So konnte Fülle auf einer anderen Ebene entstehen.

Im Leiden entstand das, was Patient und Pfleger verbindet. Wir fühlten zusammen, und in dieser Gemeinschaft konnte Heilung entstehen. Heilung nicht nur für ihn, sondern als gegenseitiger Akt. Ein Ergebnis von gegenseitigem Geben und Nehmen, das entsteht, wenn sich zwei Menschen darauf einlassen.

Herr Werner ist ein weiteres Beispiel dafür, dass Sterben offenbar ein selbstbestimmter Akt sein kann. Herr Werner starb ohne die typischen Sterbephänomene wie präfinale Unruhe, brodelnde Atmung, Atempausen, weißes Munddreieck etc. Bei ihm bekommt man den Eindruck, dass der feste Entschluss, das Leben auf dieser Erde zu beenden, ausgereicht hat. Bei Herrn Werner war kein Widerstand gegen das Sterben zu spüren. Den Akt des Loslassens alles Äußeren hatte er vermutlich bereits im Vorfeld vollzogen. Es mag paradox klingen, aber dieser Mensch hatte die Kontrolle über das Nichtkontrollierbare. Auch an dieser Stelle ist es Herrn Werner gelungen, zwei Gegensätze miteinander zu vereinen.

Und noch etwas finde ich bemerkenswert: Wandlung geschieht bis zu unserem letzten Atemzug. Welche Schritte, welche Bereiche hat Herr Werner noch für sich entdeckt und sie sich vielleicht sogar erarbeitet. Er hat die Herausforderung seiner Krankheit und seiner Altersgebrechlichkeit genutzt. Obwohl ihm dadurch seine Selbstständigkeit und Mobilität genommen wurden, ist er doch um vieles reicher geworden. Seine Sonnenmaske aus Japan ging als Geschenk von ihm und seinen Kindern an unser Hospiz. Ich finde, das passt!

Roswitha und ihr Vermächtnis

Roswitha wünschte sich, in unser Hospiz zu kommen. Sie hatte sich auf ihr Sterben vorbereitet und dabei ihre eigene Vorstellung, ihre eigene religiöse Haltung. Sie sprach in einer Deutlichkeit von ihrem Gehen, wie ich es selten von unseren Gästen gehört hatte. Ja, bei ihrer Pflege sagte sie zu mir, sie freue sich darauf, sie erwarte ihren Tod voller

Neugierde und Spannung.

Oft habe ich schon über unsere Haltung, was unser Sterben angeht, nachgedacht. In den Nachrichten und Zeitungen liest man immer, wie viele Tote es wann und durch welches Ereignis gegeben hat. Es gruselt uns, das zu lesen. Sofort steigt der Gedanke in uns auf, oh je, der Arme, er war erst 40 Jahre alt, tödlich verunglückt. Auch wenn wir die Todesanzeigen lesen, bemitleiden wir die Verstorbenen.

Und nun treffe ich auf einen Menschen, der in freudiger und gespannter Erwartung seinem eigenen Tod entgegenblickt. Sofort erinnere ich mich an mein eigenes Gefühl, das ich hatte, als ich mit 20 Jahren anfing, mich mit Nahtoderlebnissen auseinanderzusetzen. Ich weiß noch, wie begeistert ich von diesen Berichten war und die Spannung wuchs, so etwas eines Tages erleben zu dürfen.

Ich denke oft darüber nach, ob unsere Sicht vom Tod nicht verkehrt ist. Vielleicht geht es uns drüben ja viel besser. Vielleicht ist der Tod eine Erlösung von den Herausforderungen des Lebens. Vielleicht sollten wir ein Fest für den Verstorbenen feiern, wenn er diese Erde verlässt.

Dazu gibt es eine schöne Zen-Geschichte: Ein Meister lag im Sterben, seine Schüler standen weinend um ihn herum. Er sagte: „Als ich geboren bin, da weinte ich, und Ihr lachtet. Nun sterbe ich, da lache ich und Ihr weint.“

An dieser Geschichte ist mit Sicherheit etwas Wahres dran. Und wenn nicht, hilft sie uns zumindest, das Vertrauen und eine positive, neugierige Haltung aufzubauen, um uns mit unserem Abschied besser arrangieren zu können. Für mich hoffe ich sehr, dass diese Haltung stärker ist als meine Angst.

Roswitha zumindest hatte alles mit ihren Angehörigen geregelt. Sie ist Künstlerin und hinterlässt viele Bilder. Sie bittet mich, zusammen mit ihrem Ehemann ein passendes

Gemälde für das Hospiz auszusuchen. So wird sie an ihrem letzten Ort weiterleben. Was für ein schönes Vermächtnis. Und noch etwas: Sie verspricht mir, wenn sie gestorben ist, mich in meinen Träumen aufzusuchen. Um mir zu zeigen, dass sie weiterlebt. Ich bin ihr dankbar für dieses letzte Geschenk. Und für diese Vertrautheit.

Petra und Martina: Streit begraben - eine Vorbereitung auf gutes Sterben

Wenn wir all diese Mutmach-Geschichten vom schönen Tod, der seinen Schrecken verloren hat, gelesen haben, entsteht in einem fast zwangsläufig die Frage: „Wie kann ich mich denn selbst am besten auf mein Sterben vorbereiten?" Die Wahrheit ist doch, dass wir ja alle die gleiche lebensbedrohliche Diagnose in uns tragen: Am Ende werden wir sterben.

Die Frage, wie wir uns auf den Tod vorbereiten können, habe ich der Initiatorin der Ausbildung zur Sterbeamme und Buchautorin Claudia Cardinal gestellt. Sie sieht die Dinge in erster Linie pragmatisch. Eine gute Vorbereitung gehe damit einher, Streit zu begraben. „Wer lange leben möchte, sollte sich viel streiten", sagt sie: „Der Tod ist so etwas wie des Schlafes Bruder. Wer Sorgen und Streit hat, kann nicht gut schlafen. Und so können diese Sorgen uns auch vom Sterben abhalten." Deshalb sei es wichtig, dass wir eine Praxis des Verzeihens erlernen und unvollendete Dinge nicht auf die lange Bank schieben.

Diesen Punkt kann ich aus meiner Praxis heraus vollauf bestätigen. Oft wird es für Sterbende immens wichtig, noch einmal einen Angehörigen zu sehen, von dem man sich vor vielen Jahren im Streit getrennt hat. Nicht geklärte Dinge können einen Sterbeprozess so hinauszögern, dass es für alle Beteiligten kaum ertragbar ist. Sobald Konflikte gelöst wurden, ist der Weg frei und ein Sterbender kann endlich gehen.

Auch an diesem Punkt kommt das Gefühl der Endgültigkeit wieder ins Spiel. Mit dem Tod vor Augen gibt es nur noch eine einzige Chance, den Streit zu klären. Das gilt sowohl für den Sterbenden als auch für den am Konflikt Beteiligten, der zurückbleibt. Es erfordert von beiden Parteien die Offenheit, Altes hinter sich zulassen, verhärtete Krusten aufzuweichen und sich für eine Aussprache zu entscheiden. Wenn das geschehen ist, erlebt man manchmal eine großartige Heilung auf einer ganz anderen Ebene als der körperlichen.

Dazu fällt mir die Geschichte von Petra ein, der Mutter einer Freundin. Petra war über 80 und hatte sechs Kinder. Ihr wichtigstes Anliegen in ihrem Leben war ihre Familie. Zu jedem Geburtstag, zu Ostern und Weihnachten traf man sich bei ihr mit Enkeln und Urenkeln. Wenn alle beisammen waren, war sie am glücklichsten. Nun entstand irgendwann einmal ein Konflikt zwischen den Kindern, der die Familie in zwei Lager spaltete. Schnell war eins ihrer Kinder, nennen wir es Martina, als Sündenbock auserkoren. Petra wurde so einbezogen, dass sie ihre unparteiische Haltung gegenüber allen ihren Kindern verlor und Martina keinen Glauben mehr schenkte. Es kam zu einem Bruch, der viele Tränen kostete.

Petra pflegte noch einige Jahre ihren Ehemann, bis dieser dann starb. Eigentlich hatte sie nur für ihn durchgehalten. Kurz nach seinem Tod wurde sie sehr krank. Immer wieder schaute sie auf ihre Fotos an der Wand, die ihre bereits verstorbenen Geschwister zeigten. Sie sagte, sie freue sich, diese schon bald wiederzusehen. Es kam die Zeit, in der sie immer schwächer wurde und zu uns auf die Palliativstation kam. Dort verbrachte sie zwei Wochen und hörte dann auf zu essen und zu trinken.

Sie ging dem Tod erhobenen Hauptes entgegen, fest verankert in ihrem Glauben auf ein Wiedersehen mit all ihren Lieben. Sie verabschiedete sich von ihren Kindern, mit Ausnahme von Martina. Nach ein paar Tagen dämmerte sie nur noch vor sich hin, sprach nicht mehr und kam in den Sterbeprozess. Aber was vorher so leicht und flüssig vonstatten ging, kam auf einmal ins Stocken. Petra hing irgendwo fest. Ein Tag nach dem anderen verging, und alle wunderten sich, wieso sie immer noch lebte.

Die Eingebung kam mir, als ich mich mit dem Fahrrad auf dem Weg zur Arbeit befand: Es war der Konflikt mit Martina, der ihre Mutter davon abhielt, zu gehen. Die Tochter musste unbedingt herkommen, damit Petra endlich Frieden finden konnte. Ich rief sie an und bat sie inständig, zu uns auf die Palliativstation zu kommen. Sie ließ sich darauf ein. Ihr Bruder sorgte dafür, dass sie allein mit ihrer Mutter sein konnte. Zwei Stunden lang verbrachten sie zusammen und Martina sprach, obwohl Petra nicht mehr bei Bewusstsein war. Es waren zwei Stunden des gegenseitigen Verzeihens. Drei Stunden später ging Petra friedlich von dieser Welt.

Frau Müller: Über das Fehlen der richtigen Worte

Frau Müller ist wütend. Seit sie gestern zu uns ins Hospiz gekommen ist, dreht sie sich weg, lehnt Essen ab und möchte nicht gepflegt werden. Mit ihren letzten Kräften lässt sie es zu, auf den Toilettenstuhl mobilisiert zu werden, weil es nicht mehr anders geht. Ihre Familie ist viel um sie herum, eine Tochter schläft in der ersten Nacht bei ihr. Ihre drei Töchter und ihr Ehemann wechseln sich in der Zeit danach ab. Im Laufe der nächsten Tage wird Frau Müller uns gegenüber offener. Sie fühlt sich sicherer in ihrer neuen Umgebung. Wir haben den Eindruck, dass sie angekommen ist und sich mit dem Schritt, ins Hospiz gegangen zu sein, abfindet.

Doch der Eindruck trügt. Kaum sind ihre Töchter da, macht sie ihnen bittere Vorwürfe. Sie sei von ihnen abgeschoben worden, sie wolle nicht hierher, sie wolle zu Hause bleiben. Sie sollen sie sofort wieder mit nach Hause nehmen. Das hätten sie ihr versprochen. Die Familie ist verzweifelt. In einem Gespräch stellt sich heraus, dass die Familie ihr tatsächlich zugesagt hat, nur zur Probe ins Hospiz zu gehen. Sonst wäre es unmöglich gewesen, sie zu diesem Schritt zu bewegen. Doch zu Hause wäre es einfach nicht mehr gegangen.

Was für eine Situation am Lebensende eines Menschen: Beide Seiten fühlen sich verzweifelt, betrogen und gelähmt. Und das, weil nie offen kommuniziert wurde. Über Sterben und Tod wurde einfach nicht geredet. Sobald das Gespräch in diese Richtung ging, wurde es sofort von Frau und Herrn Müller abgebrochen.

Das ist wahrlich eine schwierige Situation, die Unfrieden und Leiden während der letzten Lebenstage in sich trägt. Mit intensiven Gesprächen gelang es uns, auf beiden Seiten Groll und Verzweiflung abzubauen, so dass es doch noch zu einem einvernehmlichen Abschied kam.

Es ist mir wichtig, dieses Beispiel in diesem Buch zu erwähnen, um zu verdeutlichen, wie wichtig offene Kommunikation unter den Beteiligten ist. Wenn das im Vorfeld nicht geübt oder praktiziert wird, entsteht eine typische Familiendynamik, die folgendermaßen aussieht: Die Angehörigen vermeiden das Thema Sterben, um Sterbenden keine Angst zu machen und sie nicht vorschnell aufs Abstellgleis zu schieben. Sie weichen dem Thema aus, da sie den anstehenden Verlust als zu bedrohlich empfinden und ihn nicht noch näher an sich heranrücken zu lassen. Der Sterbende, der meistens fühlt, wo er steht, vermeidet das Sprechen über den Tod, um seine Angehörigen zu schützen und der Trauer der Hinterbliebenen nicht begegnen zu müssen. Auch er verdrängt, da sein Sterben in ihm Angst und Verunsicherung verursachen. Am Ende wissen beide Seiten nicht mehr, über was sie reden sollen. Das, was wirklich ansteht, wird ausgespart. Stattdessen werden Belanglosigkeiten wie das Wetter oder die Nachbarn thematisiert.

Dabei spüren beide Seiten, wie die Wahrhaftigkeit des Augenblicks verloren geht. Die Intensität des Lebens und des Augenblicks wird nicht empfunden, auch der Rückblick auf das gelebte Leben, die Dankbarkeit und die gegenseitige Wertschätzung findet nicht statt. Das ist traurig, denn wenn es zu spät ist, lassen sich diese wertvollen Augenblicke nicht mehr nachholen.

Wirklich friedvolle Abschiede gelingen, wenn wir offen miteinander sind. Wird der kommende Abschied thematisiert, ist oft eine große Erleichterung zu spüren. Endlich darf man sich gegenseitig die Trauer zeigen, darf man Dinge aussprechen, die man vielleicht vor sich hergeschoben hat oder auch noch wichtige Angelegenheiten klären. Dadurch kann ein Lebenszyklus abgerundet werden. Nicht nur für den Sterbenden, sondern auch für seine Angehörigen. Dinge, die zwischen einem standen, können erledigt werden.

Es ist wichtig, eine Tatsache zu akzeptieren, auch wenn sie für uns schmerzhaft ist: Ein Mensch stirbt in dem Moment, in dem sein Lebenszyklus vollendet ist. Mit dieser Erkenntnis beginnt die Dringlichkeit in unseren Leben: Wir wissen nicht, wann dieser Moment kommen wird. Das macht es so wichtig, so zu leben, als könne jeder Moment der letzte sein. Schieben Sie keine Klärungen auf die lange Bank. Versuchen Sie, mit anderen Menschen keine offenen Angelegenheiten zu haben. Tun Sie es für sich, für Ihren eigenen Frieden. Es wird sich gut anfühlen und zu einer friedenbringenden Vollendung Ihres Lebenszyklus beitragen.

Falls es, wie in dem Beispiel von Frau Müller, nicht gelingt, bezüglich des Themas Tod und Sterben eine Offenheit herzustellen, nehmen Sie eine dritte Person, die nicht zum Familiensystem gehört. Das können Freunde sein, eine Krankenschwester, ein Krankenpfleger oder auch eine Sterbeamme.

Oft ist Unbefangenheit die Brücke, die hilft, sich dem Thema zu öffnen. Ich frage bei der Pflege nebenbei, wie die Vorstellung aussieht, was nach dem Tod kommen wird. Oder ob ein Patient Angst vor dem Tod hat. Dabei erlebe ich immer wieder, wie schnell wir in der Thematik drin sind und wie reich der Austausch ist. Auch die Frage, ob ein Mensch auf ein erfülltes Leben zurückblickt, ist eine gute Gesprächsgrundlage. Ich erlebe es immer wieder als faszinierend, wie reichhaltig ein Leben aussehen und wie widerstandsfähig ein Mensch sein kann. Gleichzeitig fühlt sich der Sterbende wahrgenommen in dem, was sein Menschsein ausgemacht hat. Er fühlt sich wertgeschätzt, was ihm dabei hilft, diese Welt in Frieden zu verlassen. Nutzen Sie diese Chance.

Evelyn: Eine Freundschaft

„Sie kenne ich doch." Mit diesen Worten betrat ich das Zimmer auf der Palliativstation und erkannte in Evelyn eine zierliche Frau, die zwei Jahre vorher ihren Ehemann beim Sterben begleitet hatte. Ich erinnerte mich an die zwei, wie sie unglaublich liebevoll miteinander umgingen. Wie sie als Einheit auftraten. Und wie ich nach Hause ging und sagte, es gibt sie also doch, die romantische Liebe. Und mir fiel ein, dass ich Evelyn zum Abschied eine Karte mit einem Gedicht geschenkt hatte, das von einem Segelboot handelte.

Zwischen uns war Zuneigung und Freundschaft auf den ersten Blick. Evelyn hatte niemanden, der sich um sie kümmerte. Bis auf ihre junge Nachbarin. Und so fragte sie mich, ob ich so nett sein könne, ihr Zigaretten mitzubringen. Später bat sie mich, ihre Wäsche zu waschen. So etwas hatte ich bis dahin noch nie für eine Patientin gemacht. Bei Evelyn stand das außer Frage.

Beim Pflegen redeten und lachten wir viel. Sie war versessen darauf, alles aus meinem Leben zu erfahren. Von meinen Plänen und Idealen. Besonders freute sie sich, wenn ich von meinen Söhnen erzählte. Sie berichtete mir manches aus ihrem Leben, das mitunter schwierig verlaufen war. Wenn sie von ihrem Mann sprach, hatte sie ein Strahlen in ihren Augen. Zwanzig erfüllte Jahre hatten sie zusammen gehabt, als er plötzlich an Krebs erkrankte und starb. Danach tat sich ein Abgrund in Evelyn auf. Sie verlor den Sinn weiterzuleben, erkrankte nach anderthalb Jahren und landete zum Sterben auf unserer Station. Sie sprach davon, wie sehr sie sich nach ihrem Mann sehne.

Nach einigen Wochen wurde Evelyn im Hospiz in die obere Etage verlegt. Dort besuchte ich sie häufig. Sie lebte noch einmal auf und genoss die neuen Kontakte und die Zuwendung. Einmal wurde sie von einem Zeitungsjournalisten interviewt, dem sie mit Begeisterung erzählte, wie schön das Hospiz sei und wie wohl sie sich dort fühle.

Der Höhepunkt in dieser letzten Lebensphase war der Besuch bei mir zu Hause. Wir aßen selbstgebackenen Kuchen und sie lernte meine Söhne kennen. Sie war begeistert. Für die Rückfahrt bestellte sich Evelyn ein Taxi und überredete den Fahrer, noch eine kleine Rundfahrt durch Köln zu machen. Sie wollte Abschied vom Kölner Dom und vom Rhein nehmen. Völlig erschöpft kehrte sie zurück und zehrte noch lange von ihrem Ausflug.

Danach schritt ihre Krankheit schnell voran, sodass sie

kaum noch aufstehen konnte. Immer öfter sagte sie zu ihrem Mann: „Helmut, bald bin ich bei Dir." Wenn ich bei ihr war, freute sie sich immer wieder über mein Leben. Es kam mir vor, als wenn sie durch meine Erzählungen etwas nachholte, was ihr vorher nicht möglich war. Kurz vor ihrem Tod schaute sie mich zärtlich an und sagte, dass sie so etwas wie mit mir noch nie erlebt habe. Ich habe mir viele Gedanken über diese Worte gemacht. Ich glaube, durch ihre symbiotische und erfüllte Beziehung mit ihrem Mann hielt Evelyn es für unmöglich, dass es auch andere erfüllende Beziehungen geben könne.

Als sie ans Sterben kam, verbrachte ich die Nacht bei ihr. Ich war traurig und dankbar zugleich über diese kurze und intensive Freundschaft. Evelyn versprach, immer von irgendwo bei mir zu sein. Daran glaube ich. Sie ist da, wenn ich Unterstützung brauche. Und sie ist da, um sich mit mir zu freuen. Manchmal kommt es mir so vor, dass sie ganz nah ist. Vor allem, wenn ich über die Rheinbrücke fahre und den Dom sehe. Den sollte ich nämlich immer von ihr grüßen.

Mich hat vieles an dem Erlebnis mit Evelyn berührt. Aber eines besonders: Diese Frau hatte niemanden, der sich um sie kümmerte. Keine Freunde und keine Verwandten. Ihre Wohnung, die ich einmal besuchen sollte, war düster. Dort gab es nichts Liebevolles und es herrschte ein heilloses Durcheinander. Es hatte den Anschein, dass sich Evelyn nach dem Tod ihres Mannes vollkommen von der Außenwelt zurückgezogen hatte.

Und doch traf sie in ihrer Einsamkeit ihre Nachbarin und später auch mich. Es geschah einfach so. Evelyn wurde in einer Form begleitet, wie das eigentlich nur die nächsten Angehörigen machen. Wurde da aus einer anderen Dimension für sie gesorgt? Vielleicht durch ihren Mann?

Ist es nicht faszinierend und tröstlich, dass wir Hilfe bekommen, wenn wir sie brauchen? Ich habe etwas Vergleichbares bereits öfter erlebt, auch in unserem Hospiz. Einsame Menschen erfahren in ihrer letzten Lebensphase auf einmal Zuwendung und erhalten dadurch ihre Würde zurück. Ich denke dabei auch an so manchen Obdachlosen, der Obhut im Hospiz fand. Einer von ihnen starb mit den Worten auf den Lippen: „Mein Gott, ich hätte nie gedacht, dass ich so etwas noch erleben darf.“

Birgit und Michael: Humorvolle Reisevorbereitung

Birgit ist eine Freundin. Sie hat vor kurzem ihren Ehemann verloren. Sie besucht mich, weil es ihr ein Anliegen ist, von diesem Tod zu erzählen. Dieser Tod ist ein Beispiel von einem friedlichen Tod. Wo Weinen und Lachen seinen Platz hatte. Birgits Augen leuchten, wenn sie von ihrem verstorbenen Mann spricht. Gemeinsam sind sie durch dick und dünn gegangen. Während Michaels Krankheitsphase gingen sie offen miteinander um, zeigten ihre Gefühle, ihre Sorgen. Sie thematisierten das Sterben und den Abschied, der auf sie zukam.

Eines Tages wurde es unausweichlich, dass sich Michael in ein Krankenhaus einweisen lassen musste. Sein Zustand verschlechterte sich, er verbrachte immer wieder längere Phasen, die ich als „jenseits des Vorhangs“ bezeichne. Offensichtlich bewegte sich Michael in einer anderen Realität. Birgit, die selbst Sterbeamme ist, wunderte sich nicht, als er ihr erzählte, dass viele Leute kämen, und er losmüsse. Sie nahm den Faden auf und sagte ihm, wenn viele Leute kämen, müsse man nicht sofort los, sondern erstmal schauen, welche Leute das seien. Und dann eine Planung machen. Sie nahm Papier und Stift und schrieb alles auf, was Michael ihr diktierte. Am Ende fragte Birgit, wie sie das denn mit dem Essen organisieren sollten, wenn so viele kämen. Da schaute Michael sie an und sagte, sie solle sich darum kümmern. Beide lachten, weil diese Bemerkung so typisch für ihn war.

Immer wieder gab es solche Situationen, auf die sich Birgit einließ und die mit herzhaftem Lachen endeten. Später, als Michaels Kräfte immer mehr nachließen, und er nicht mehr zu verstehen war, kommunizierte er mit seinen Augen: Sie glänzten, wenn er seine Frau ansah. Es waren zauberhafte Momente der Innigkeit.

Als das Sterben näher rückte, saßen Birgit, ihre Tochter und die Enkeltochter bei ihm. Birgit sprach ihrem scheidenden Mann Mut zu: „Mach Dich auf den Weg, der Weg ist frei, und wir sind alle da. Ich passe auf, es ist alles in Ordnung." Michael war seelenruhig. Er hatte die typische Atmung eines Sterbenden. Wenige Stunden später ging er voller Frieden.

Sterbende ziehen sich immer mehr zurück. Sie leben oft in anderen Welten, in einer anderen Realität. Wir Sterbeammen reden ihnen diese Realität nicht aus. Im Gegenteil, wir steigen mit hinein in ihre Welt. Und spinnen den Faden weiter. Wenn wir wissen, was Sterbende empfinden, werden wir davon nicht irritiert sein.

Ich kann mich noch lebhaft an einen jungen Gast erinnern, der aufgrund eines Hirntumors bettlägerig war. Nachts ging er immer mit seinen Kumpels tanzen oder Tischtennis spielen. Begeistert erzählte er mir morgens von seinen nächtlichen Ausflügen. Warum sollte ich ihm diese schönen Abenteuer ausreden, mit denen er seine Situation kompensierte?

Manchmal kommen mir diese Ausflüge in eine andere Realität wie eine Art Reisevorbereitung vor. Wenn wir planen zu einem unbekannten Ort zu fahren, bereiten wir uns in der Regel vor. Zum Beispiel, indem wir einen Reiseführer oder andere Literatur lesen. Wir studieren den Inhalt, damit wir einen Eindruck davon erhalten, was uns erwartet.

Sterbende reden oft in einer besonderen, bildlichen Sprache. Sie teilen uns mit, sie müssen gehen, ihre Sachen oder ihren Koffer packen. Sie müssen pünktlich zum Zug. Oder auch, dass sie satt sind. Mein Großvater hat bei seinem letzten Bier gesagt, es schmecke schal. Kurz darauf starb er. Anhand solcher Bemerkungen, dieser für Sterbende typischen Sprache, ahnen wir, dass der Abgang naht.

Wie die Geschichte von Birgit zeigt, können sich dabei durchaus Situationen ergeben, in denen man herzlich lachen kann. Humor ist immer hilfreich. Auch beim Sterben. Er macht es uns leichter, positiv zu bleiben in einer schwierigen Phase. Humor hat etwas Heilsames in sich. Und er hinterlässt uns etwas Schönes in unseren Erinnerungen.

Frau Becker: Eine kleine Anekdote

Frau Becker liegt mit einem Hirntumor bei uns im Hospiz. Sie ist bereits sehr eingeschränkt, aber im Kopf noch klar und orientiert. Sie genießt bewusst und intensiv die Zeit, die ihr noch zur Verfügung steht. Eines Abends betrete ich ihr Zimmer, um sie zu fragen, was sie zu Abend essen möchte. „Focaccia mit Kräuterdipp haben wir heute im Angebot." Ihre Augen strahlen und Frau Becker lächelt über das ganze Gesicht. Sie ruft: „Oh, der Koch hat einen Pakt mit dem Teufel. Solange er so gut kocht, kann ich auf keinen Fall sterben." Wir lachen beide, und ich freue mich an ihrer Leichtigkeit und an ihrem Humor, den sie trotz ihrer schweren Krankheit nicht verloren hat.

Martin: Manchmal kommt es anders, als wir es erwarten

Martin hatte Leberkrebs. Die Therapien schlugen nicht mehr an. Im Frühjahr hieß es, er sei austherapiert. Das bedeutet, dass nun der Wechsel zur Palliativversorgung ansteht, bei der man sich nicht mehr auf die Heilung der Krankheit, sondern auf die höchstmögliche Lebensqualität konzentriert. Für Martin und seine Familie bedeutete das eine Katastrophe. Seine Kinder waren noch jung, neun und zwölf Jahre alt. Alle waren traurig und vor allem verunsichert, weil sie nicht wussten, was auf sie zukommen würde.

Mit einer Sterbeamme an seiner Seite, dem palliativen Pflegedienst und mit Hilfe eines ambulanten Hospizdienstes schaffte es Martin, zu Hause zu bleiben. So war die Familie mit ihren Ängsten gut aufgestellt.

Im September verschlechterte sich Martins Zustand dramatisch. Er war durch seine Krankheit gekennzeichnet, seine Hautfarbe war gelb, er hatte einen für Leberversagen typischen, mit Flüssigkeit aufgetriebenen Bauch und schlief immer wieder ein. Man organisierte ihm ein Pflegebett, das am 15. September geliefert werden sollte. An diesem Tag hatte sein Bruder, der ihm am Herzen lag, Geburtstag.

Eine Woche zuvor musste Martin ins Krankenhaus eingeliefert werden, um ihm zur Entlastung das Wasser aus dem Bauch zu punktieren. Dort starb er am 16. September ganz friedlich und ruhig im Beisein seiner gesamten Familie. „Er wollte doch eigentlich zu Hause sterben“, sagte seine Ehefrau, die es bedauerte, dass dieser Wunsch unerfüllt blieb. Doch auf der anderen Seite hatten seine Kinder Angst vor seinem Sterben zu Hause. Martin hatte das gefühlt. Und weil er seine Kinder liebte, wollte er nicht in das heimische Pflegebett.

Wenn man es so betrachtet, war es ein Akt der Liebe und ein Ausdruck seiner ruhigen und hingebungsvollen Art, sich das Krankenhaus als Sterbeort zu wählen. Manchmal kommt es anders, als wir erwarten. Dann ist es an uns, neue Blickwinkel einzunehmen, damit unser Hadern mit der Situation aufhört. Denn Schuldgefühle und Zweifel lassen uns leiden. Es sind meistens nicht die Tatsachen, sondern unsere Interpretation und unsere Erwartungshaltung, die Schmerz verursachen.

Wir können es jetzt und hier in unserem Leben üben, neue Blickwinkel zu finden. Nehmen Sie sich bewusst einmal Zeit, um es auszuprobieren. Suchen Sie sich eine unangenehme Situation oder eine Krise in Ihrem Leben und nehmen sich vor, erst dann wieder mit ihrem Alltag weiterzumachen, wenn Sie mindestens eine schöne oder gute Sache darin gefunden haben. Sie werden eine finden, davon bin ich überzeugt. Alle Dinge in unserem Leben tragen beide Seiten in sich. Falls Sie keine finden, fragen Sie einen guten Freund oder eine gute Freundin. Oft hilft es, eine Situation jemand anderen beurteilen zu lassen, der die Dinge mit seinen Augen betrachtet. Bleiben Sie offen für das Positive, selbst wenn eine Situation Ihnen allen Anlass dazu gibt, zu klagen und zu leiden.

Damit wir uns nicht missverstehen: Ich möchte den Tod und die Trauer um einen geliebten Menschen nicht kleinreden. Wenn jemand stirbt, der uns nahe steht, bedeutet das zunächst einmal eine Katastrophe, die unser Herz zerreißt und uns völlig aus dem Ruder laufen lässt. Dennoch ist es schön, wenn wir trotz aller Schmerzen auch die andere Seite erfahren können. Nach dem Motto: Es ist so traurig, aber gleichzeitig hat es auch etwas Gutes.

Sandra: Das letzte Hemd hat keine Taschen

Sandra kommt mit dem Liegendtransport zu uns. Sie kann ihre Beine nicht mehr bewegen. Ihre Arme funktionieren noch, aber die Fähigkeit, Bewegungen zu koordinieren, lässt Tag für Tag nach. Da sie viele Anrufe bekommt und ihr telefonieren wichtig ist, installieren wir ihr ein Telefon mit breiten Tasten und Lautsprecherfunktion. So können wir ihr einen kleinen Rest von Unabhängigkeit ermöglichen. Sandra ist eine durch und durch bescheidene Frau. Sie meldet sich nur im äußersten Notfall, und dann mit vielen Entschuldigungen. Unsere Beteuerungen, dass wir für sie da sind und dass es unsere Aufgabe ist, dringen nicht zu ihr durch. Aus Erzählungen aus ihrem Leben höre ich, dass sie ihr Ich immer zurückgestellt hat.

Wenn ich ihr das Frühstück bringe, lädt sie mich zum Mitessen ein. Stets ist sie eher um uns besorgt als um sich. Beim Pflegen höre ich immer wieder: „Wie findest Du das Kleid? Und das Parfüm? Gefällt es Dir? Nimm es doch an Dich, es wird sowieso entsorgt." Sandra hat ein immenses Bedürfnis, uns Gutes zu tun, uns ihre letzten Dinge zu schenken. Ihr ist bewusst, dass sie nichts von alldem mitnehmen kann.

Was ist das für ein Gefühl, wenn einem klar wird, dass man sich von all seinen Dingen, die man gewohnt ist, verabschieden muss. Ich glaube, das kann nur jemand sagen, der diese Situation schon einmal durchlebt hat. Vielen Menschen fällt das schwer. „Eine Freundin möchte schon lange einen meiner selbstgestrickten Pullover bekommen. Aber ich kann keinen davon abgeben."

Es gibt Gäste, die auf dem Sterbebett noch Dinge verkaufen, als befänden sie sich noch im alltäglichen Leben. Sie tun das, obwohl sie zum Teil keine Angehörigen haben. Vermutlich reagiert man auch auf dem Sterbebett so, wie man gelebt hat. Wer weiß, wie das

Leben ausgesehen hat. War es durch Mangel und die Mühe geprägt, sein Leben aufgebaut zu haben? War es von Großzügigkeit und Fülle gekennzeichnet? Überwiegt bis zur letzten Lebensstunde das Sicherheitsbedürfnis, das sich oft meldet, wenn es um materielle Dinge geht?

Tatsache ist, dass wir nichts mitnehmen können. Es ist gut, wenn uns das im Vorfeld klar wird. Auch der Umstand, dass unsere materielle Sicherheit nur eine Illusion ist. Wenn sie nicht in unserem Leben weggebrochen ist - was unserer Generation glücklicherweise meist erspart blieb - dann ist das spätestens auf unserem Sterbebett so. Der Dalai Lama sagte einmal, dass man den Reichen eher beistehen muss, da sie irgendwann bemerken, dass Geld allein nicht glücklich macht, und weil sie ihren Reichtum auf dem Sterbebett verlieren beziehungsweise loslassen müssen.

Ich finde, dass spätestens dann, wenn man merkt, dass die materiellen Dinge zweitrangig werden, es schön sein kann, seine Besitztümer peu à peu zu verschenken. Gleichwohl nach dem Sprichwort: Besser mit warmer als mit kalter Hand. Wie bezaubernd kann das sein, das Leuchten der Augen unserer Kinder, Freunde und Enkel zu sehen. Wie herrlich ist das Gefühl, dass man durch Freude bei anderen weiterleben wird.

Ich habe bei uns einmal einen Gast kennengelernt, der eine Abschiedsparty zu Hause veranstaltete, bevor er ins Hospiz kam. Am Ende durfte sich jeder etwas aussuchen und als Erinnerung an ihn mitnehmen. Eine wirklich himmlische Idee.

Herr Blau: „Und sie ist doch allein gestorben."

Herr Blau kommt jeden Tag zu seiner Frau. Immer wieder bringt er Blumen aus ihrem gemeinsamen Garten mit. Rosen, die ihren Duft vom Nachtschrank aus zu Frau Blau strömen lassen. Liebevoll sitzt er Stunde für Stunde neben ihrem Bett und streichelt ihre Hand. Er reicht ihr das Essen und bietet ihr immer wieder etwas zum Trinken an. So begleitet Herr Blau seine Frau auf ihrem letzten Lebensweg.

Es ist für ihn klar, dass er sie auch in ihrer letzten Sterbestunde nicht allein lassen wird. Er bittet uns, ihn anzurufen, wenn wir meinen, es wäre soweit.

Eines Tages haben wir den Eindruck, dass sich Frau Blau auf den Weg macht. Wir benachrichtigen Herrn Blau und er sagt seinen zwei Kindern Bescheid. Die ganze Familie ist um das Bett versammelt. Es werden noch liebevolle Worte ausgetauscht, insgesamt ist eine traurige, aber doch friedliche und einvernehmliche Atmosphäre zu spüren.

Irgendwann kommt der Abend und dann die Nacht. Frau Blau befindet sich im Sterbeprozess. Ihre Atmung rasselt und sie ist schon weit weg mit ihrem Bewusstsein. Da die Tochter ein kleines Kind zu Hause hat, muss sie sich verabschieden. Um 3 Uhr nachts hat sich an Frau Blaus Situation nichts verändert. Der Sohn entschließt sich nun auch, für eine Weile zu sich nach Hause zurückzukehren. Herr Blau harrt aus. Auf keinen Fall möchte er seine Frau jetzt allein lassen. Immer wieder ermutigt er sie, dass sie gehen darf. Gegen 7 Uhr morgens muss Herr Blau kurz auf die Toilette gehen. Nach knapp fünf Minuten kommt er zurück. Seine Frau ist gestorben. Ihre letzten Atemzüge tat sie genau in diesem Moment, als er nicht im Zimmer war. Herr Blau ist erschüttert. „Jetzt musste sie doch allein sterben und ich habe sie im Stich gelassen."

Diese Situation haben wir schon oft erlebt. Die Sterbenden sind rund um die Uhr begleitet und suchen sich genau diesen kleinen Augenblick zum Gehen, wenn sie allein sind. Ich glaube, dass Sterben ein sehr privates, sehr intimes Geschehen ist. Wir kommen allein auf die

Welt und müssen sie allein wieder verlassen. Dabei kann es schön sein zu merken, dass man in Begleitung eines geliebten Menschen ist. Für manche Menschen aber passt es eher, diesen Akt wirklich allein zu vollziehen. Das kann darauf beruhen, so wie man es gewohnt war schwierige Situationen in seinem Leben zu bewältigen. Es gibt Menschen, die in Krisen viele Menschen hinzuziehen, und es gibt diejenigen, die ihre Probleme mit sich allein ausmachen. Das sind dann diejenigen, die eher allein gehen. Es gibt aber auch Menschen, die sich ihren Angehörigen nicht zumuten möchten. Die sie vor diesem Augenblick des Abschieds schützen möchten. Und noch ein Aspekt: Denken Sie einmal über die vielen unterschiedlichen Formen des Abschieds nach, die es gibt. Manche verabschieden sich unter Tränen und zögern den Abschied immer wieder heraus. Und es gibt Menschen, die Abschiede nicht mögen. Die ohne große Worte einfach schnell verschwinden. So kann das auch beim Sterben sein.

Wenn man den Angehörigen danach fragt, dann bestätigt er meist, dass diese Form des „sich still und leise allein Davonstehlens“ zu demjenigen gepasst hat. Für den Angehörigen ist es natürlich zunächst einmal sehr schmerzlich. Er hat alles gegeben und dennoch gefühlsmäßig versagt, da er genau in diesen Augenblick nicht anwesend war. Ich finde, er hat es genau richtig gemacht. Er hat dem Sterbenden die Freiheit der Wahl gelassen. Er hat sich angeboten, dabei zu sein, und hat gleichzeitig den Raum gelassen, allein sterben zu können. So konnte der Sterbende sich entscheiden. Deshalb empfehlen wir Angehörigen immer innerhalb der Begleitung auch zwischendurch ein oder zwei Stunden spazieren oder nach Hause zu gehen. Und noch ein tröstender Gedanke: Sterben passiert meistens, wenn etwas rund ist. Die Tatsache, dass jemand fühlt, geliebt und nicht allein zu sein, hilft, sich auf das Unbekannte einzulassen. Auch das kennen wir aus unserem Leben. Es ist viel einfacher, allein zu verreisen, wenn wir wissen, dass zu Hause jemand ist, mit dem wir verbunden sind. Und dieses Gefühl und diese Gewissheit konnten wir unserem geliebten Menschen auf jeden Fall geben - auch wenn wir genau im Augenblick des Sterbens nicht anwesend waren.

Claudias Schwiegermutter: Sie muss etwas Schönes erfahren haben

Claudia hatte es nicht immer leicht mit ihrer Schwiegermutter. Sie war eine selbstbestimmte Frau, die stets das Zepter in der Hand hatte. Aufgewachsen in einer bäuerlichen, rauen Umgebung musste alles nach ihren Vorstellungen laufen. Auch mit ihren bereits erwachsenen Kindern pflegte sie einen strengen Umgang. Sie war die Chefin und gab die Richtung vor. Nein, sie war kein Mensch, dem man auf den ersten Blick sein Herz öffnet.

Es kam die Zeit des Alterns. Es fiel ihr schwer, sich damit abzufinden, die Kontrolle über sich, ihr Leben und ihr Umfeld zu verlieren. Doch es ging nicht anders, immer mehr Aufgaben wurden den Kindern aufgebürdet. Eines Tages hatte Claudias Schwiegermutter einen Schlaganfall. Von heute auf morgen wurde sie bettlägerig und konnte nicht mehr sprechen. Die Pflege zu Hause war nicht möglich, sie musste in ein Pflegeheim umziehen.

Dort wurde sie immer weniger. Sie schlief viel und zog sich immer mehr in sich zurück. Dabei machte sie eine wundersame Wandlung durch. In ihr kam eine zuvor nie gezeigte Seite hervor: Sie wurde sanft und ruhte in sich. Sie war zufrieden mit sich und der Welt. Ganz offensichtlich musste sie irgendetwas Schönes erfahren haben, was ihr Frieden gebracht hatte. Und das strahlte sie aus. Einige Tage später starb sie ruhig und friedlich.

Ist diese Vorstellung nicht schön? Wandlung und Veränderung bis zu unserem letzten Atemzug – und vielleicht sogar noch darüber hinaus. Wer weiß das schon? Es ist für nichts zu spät, egal, in welcher Phase unseres Lebens wir uns befinden. Wir reifen, und manchmal erfahren wir dabei anscheinend von irgendeiner Seite Unterstützung.

Ich finde es schön, dass uns unser gesamtes Potential bis zuletzt zur Verfügung steht. Das stellt die oft vertretene Behauptung, „der ändert sich sowieso nicht mehr ", infrage. Es lohnt sich also offenzubleiben. Offen im Geist, denn es kann ständig ein Moment kommen, der eine neue Chance mit sich bringt. Nicht nur für Sterbende, sondern auch für die Lebenden.

Der Fingerabdruck

Ich komme in unser Hospiz und im Eingang brennt die große Kerze. Ein Gast hat sich verabschiedet. Gestern Nacht ist er verstorben. Nachdem ich die mir zugeteilten Gäste versorgt habe, nehme ich mir etwas Zeit. Ich betrete sein Zimmer und nehme diese typische Atmosphäre bei Verstorbenen wahr, die sich wie ein Mantel von Frieden um mich legt. Er sieht schön und entspannt aus. Auf seinem Gesicht ein Anflug von Überraschung und Erleichterung. Es hat etwas von Hingabe und Sich-fallen-lassen.

Der Gast war betagt. Zwei Weltkriege hat er mitbekommen. Was für ein Leben er wohl gehabt hat? Was für Sehnsüchte, welche Glücksmomente und wie viel Leid er ertragen musste.

Ich weiß es nicht und kann auch das Ausmaß seines Leidens nicht beurteilen. Dennoch fühle ich einen unfassbaren Respekt vor diesem gelebten Leben. Vor dem

Meistern aller Herausforderungen, die an ihn in seinem Leben gestellt wurden. Und vielleicht auch vor manchem Scheitern.

Lange habe ich gedacht, wir müssten leben und dabei möglichst viele Fingerabdrücke in unserem Leben hinterlassen. Bis meine Freundin erwiderte: „Müssen wir das wirklich, um zu einem erfüllten Leben zu kommen?” Sicherlich ist es wichtig, nach Fingerabdrücken zu suchen, wenn wir jemanden noch einmal ins Leben hineinlocken möchten.

Aber wer definiert die Größe und Wichtigkeit unserer Fingerabdrücke? Hinterlässt nicht bereits unser Menschsein, unsere Existenz auf dieser Erde nicht ständig Fingerabdrücke? Ich hatte einmal ein einschlägiges Erlebnis. Als ich während eines Arztbesuchs verunsichert war, berührte mich eine Krankenschwester ganz leicht. Noch heute spüre ich ihre wohltuende, warme Hand auf meinem Bein, die mir das Gefühl gab: „Hey, Du bist nicht allein, ich bin bei Dir!” Im Zweifel war sie sich nicht einmal bewusst, was das für mich bedeutete. Diese kleine, für mich unvergessliche Geste hat ihren Fingerabdruck in meinem Leben hinterlassen.

Auch unsere Gäste, die durch ihre Krankheit gekennzeichnet und meistens voll von unserer Pflege abhängig sind, hinterlassen ständig Fingerabdrücke. Wie sie ihre Situation hinnehmen, hat für mich Vorbildfunktion. Ich weiß nicht, ob mir das in dieser Form gelingen wird. Oft sind es ein Lächeln, liebevolle Worte oder aber auch Macken, die Spuren hinterlassen. Die Menschen, von denen ich hier in diesem Buch erzähle, werden weitere Kreise ziehen. Durch das, was sie uns vorgelebt haben, können wir Mut schöpfen und lernen.

Was ist mit Fingerabdrücken, die anderen Leiden und Schaden zufügen? Auch die gehören zu unserem Leben, das sich durch Dualität auszeichnet. Wir könnten kein Licht wahrnehmen, wenn es nicht auch Dunkelheit gäbe. Oder Wärme spüren, wenn es nicht auch Kälte gäbe. Und keiner weiß genau, ob nicht vielleicht auch hinter diesen Fingerabdrücken ein Sinn steckt.

Es liegt an uns, keine Bewertungen darauf zu legen. Hinter jedem abgeschlossenen Dasein steckt die Perfektion eines individuell gelebten Lebens. Jede Beurteilung, wie es hätte besser oder anders laufen können, kommt von außen. Sie hat mit dem gelebten Leben nichts zu tun. Die Würdigung heißt Akzeptanz und Hingabe. Es war sein Leben, das dieser Mensch gemeistert und zum Ende gebracht hat. Das ist alles, was zählt. Das klingt nüchtern und ist doch berührend.

Helga und Helmut: Ein Plädoyer für die Zurückbleibenden

Helga wartet auf ihr Sterben. Ja, sie wird langsam ungeduldig. Täglich wird sie von ihrem Ehemann besucht, der sich in liebevoller Art und Weise um sie kümmert. Er bringt ihr selbst gekochte Suppe und besondere Säfte mit, organisiert die Besuche von Freunden und Familienangehörigen, die Helga noch einmal sehen möchten, streicht ihr zärtlich über ihre Hand. „Für sie ist es doch nur noch Leiden“, sagt er zu mir: „Und für mich ist es auch sehr schwer“, fügt er hinzu.

Ein wichtiger Satz, denn der Fokus richtet sich fast immer auf die Sterbenden. Es wird versucht, ihre letzten Wünsche zu erfüllen und zu schauen, wie ihre letzte Lebensphase so angenehm wie möglich gestaltet werden kann. Alles dreht sich um sie.

Helga wartet nur noch auf ihren Tod. Sie ist überzeugt davon, dass durch ihn eine enorme Besserung ihrer Situation stattfindet. Das ist ihre Hoffnung.

Und ihr Mann Helmut? Welche Prognose hat er? Er wird Helga zumindest hier in unserer Wirklichkeit verlieren. Er wird sie nicht mehr berühren und nicht mehr mit ihr sprechen können. Sie wird nicht mehr da sein, um sein Leben mit ihm zu teilen. Er wird weiterleben müssen mit seiner Trauer und seinem Leid. Und im Moment? Er sieht seine Frau leiden und kann es ihr nicht abnehmen, obwohl er es so gerne täte. Er ist verunsichert, weil er nicht weiß, was auf ihn zukommt. Noch ist eine Zukunft ohne Helga für ihn undenkbar und schmerzt.

Im Prozess des Sterbens werden die Angehörigen oft übersehen, obwohl zum Abschied meist zwei oder mehrere Menschen gehören. Für alle bedeutet Sterben Verlust und Trauer. Es ist gut, wenn man das als Begleitender im Blick hat. Oft benötigen die engsten Vertrauten ebenso viel Unterstützung wie die Sterbenden – manchmal sogar mehr. Ein friedvolles Sterben beinhaltet den Konsens aller Beteiligten herbeizuführen. Nicht nur der Sterbende, sondern auch seine Angehörigen haben ein Recht darauf, gewürdigt und in ihren Ängsten und Nöten unterstützt zu werden.

Diese Unterstützung beinhaltet unter anderem Aufklärung. Je mehr wir wissen – zum Beispiel, wie ein Sterbeprozess aussehen kann – desto sicherer können wir in der Begleitung eines geliebten Menschen auftreten.

Oft handelt es sich dabei auch um eine Unterstützung durch Hinschauen: Wo hakt es, wo kann noch nachgebessert werden, wo sind Wege, um zu Einverständnissen zu gelangen. Stellen Sie sich einmal vor, wie schön ein Abschied sein kann, wenn wir uns gegenseitig einen Segen und eine Würdigung aussprechen können.

Zudem ist es hilfreich, wenn Angehörige eine Gemeinschaft hinter sich wissen, die in dieser schwierigen Phase für sie da ist und ihnen den Rücken stärkt. Die mit ihnen durch dick und dünn geht.

Um diese Gemeinschaft können wir uns jetzt schon kümmern. Sie ist wichtig in unserem Leben. Nicht nur in Notzeiten. Auch dann, wenn wir etwas Gutes und Schönes schaffen wollen. Getreu dem Motto: Geteiltes Leid ist halbes Leid. Geteilte Freude ist doppelte Freude!

Er hat sich entschieden – für das Leben

Ursprünglich kam Frau Hoppe zur Beratung wegen ihres zehnjährigen Kindes. Ihr Ehemann war aufgrund eines schweren Herzinfarktes zusammengebrochen und lag nun auf der Intensivstation im künstlichen Koma. Dort befand er sich nun schon seit einigen Wochen. Frau Hoppe wollte wissen, ob ihre Tochter ihrem Alter gemäß gut genug in diesen für die Familie dramatischen Prozess eingebunden war. Neben ihren Fragen bezüglich ihrer Tochter kam Frau Hoppe auch auf die Situation ihrer Familie zu sprechen, die Tag für Tag unerträglicher wurde. Für ihren Ehemann gab es zwei Alternativen: Ein Leben mit einem künstlichen Herz oder ein Spenderherz.

Frau Hoppe war ratlos. Sie fragte sich, für was sich ihr Mann entscheiden würde. Ich fragte sie: „Haben Sie Ihrem Mann denn schon einmal in einem ruhigen Moment erklärt, wie es um ihn steht? An welchem Punkt er sich jetzt befindet? Welche Alternativen im Raum stehen? Und haben Sie auch den Tod als dritte Alternative in Betracht gezogen?" „Nein, das habe ich nicht", antwortete sie. Daran habe sie noch nicht gedacht. Dann überlegte sie laut: „Wenn er sich für den Tod entscheidet, bin ich dann dafür verantwortlich?"

Nachdenklich verließ Frau Hoppe die Beratung. Drei Wochen später rief sie mich erleichtert an: Sie habe ihrem Mann die Lage in einem ruhigen Moment erklärt. Und er habe sich entschieden. Für das Leben. Er sei zurück und brauche lediglich ein paar Stents, die den Blutdurchfluss in den Herzkranzgefäßen ermöglichen. Ihr Mann hatte eine klare und unmissverständliche Aussage getroffen.

Mir scheint es so zu sein, dass wir ab und zu mit aller Nüchternheit vor die Frage gestellt werden müssen: Für was entscheidest Du Dich? Für das Leben oder für den Tod? Viele Menschen leben in täglicher Entscheidung gegen das Leben. Das geschieht unbewusst, denn in unserem Bewusstsein ist die Angst vor dem Tod im Normalfall größer als die Todessehnsucht. Aber diese kann in uns schwelen und oft zu tödlichen Diagnosen führen. Manchmal gibt es mehr Gründe für einen Abgang als für ein Weiterleben. Besonders gefährlich ist der Moment, wenn Partner aus einer guten Beziehung sterben und den anderen Menschen gewissermaßen übrig lassen.

Hilfreich ist es, im Leben ab und zu anzuhalten, eine Bilanz für sich zu ziehen: Wo stehe ich gerade? Was begeistert mich? In was sehe ich einen Sinn zum Leben? Welche Menschen, welche Ereignisse sind mir in meinem Leben wirklich wichtig, was möchte ich unbedingt erleben und umsetzen? Gibt es Menschen in meinem Leben, die mir wichtig sind und für die es sich lohnt weiterzumachen?

Besonders wichtig ist diese Frage in der Begleitung von schwer erkrankten Menschen. Falls die Entscheidung für das Leben gefällt wird, müssen Gründe gesucht werden, die einen zurück ins Leben locken. Triftige Gründe. Gleichzeitig ist es gut und wichtig, sich auch damit zu befassen, dass es auch in die andere Richtung gehen kann. In den Tod. Das betrifft uns alle: Nicht nur die Kranken, sondern auch die Jungen und Gesunden. Denn letztendlich verbindet uns alle die gleiche Diagnose: Wir sind alle sterblich.

Wenn es sich um Komapatienten handelt, ist es mir wichtig, den Angehörigen folgendes mit auf den Weg zu geben: Sprechen Sie mit Ihren Liebsten so, als wären sie wach. Auf einer bestimmten Ebene werden sie es mitbekommen. Das Gleiche gilt für Sterbende, die nicht mehr auf Ihre Ansprache reagieren. Sagen Sie ihnen, was Sie bewegt, was Sie ihnen noch mitteilen möchten. Besuchen Sie sie, auch wenn Sie das Gefühl haben, sie bekommen nichts mehr davon mit. Die Forschung und auch meine Erfahrung sagen, dass diese Dinge ankommen.

Denken Sie einmal daran, dass Sie, wenn Sie schlafen, oft unterschwellig merken, wenn etwas anders ist als sonst. Oder wenn jemand Ihr Zimmer betritt. Unterbewusst nehmen wir das wahr.

Beziehen Sie diese Überlegungen besonders dann mit ein, wenn Sie mit Menschen zu tun haben, die im Koma liegen. Bewahren Sie die Würde dieses Menschen und würdigen Sie das Vertrauen, mit dem er sich in Ihre Hände begeben hat. Er wird es Ihnen vielleicht an einer anderen Stelle danken.

Frau Sieg und ihre Entscheidung für das Sterben

Frau Sieg kam von der Intensivstation auf unsere Palliativstation. Sie hatte vier Wochen zuvor einen Herzstillstand und war lange reanimiert worden. Doch diese Maßnahmen hatten sie nicht mehr ins Leben zurückholen können. Ihr Hirn war so geschädigt, dass die Chancen auf ein Leben ohne Beatmung und Normalität auf beinahe null gesunken war. So lag sie nun bei uns im Koma und wurde beatmet. In der Pflege gilt die goldene Regel: Komapatienten werden wie Wachpatienten behandelt. Ich wusch Frau Sieg und redete mit ihr. Ich kündigte an, was ich als Nächstes tun würde und schilderte ihr, was ihr passiert sei. Zudem erklärte ich ihr, dass ihr

Körper – besonders ihr Gehirn – schwer geschädigt und ein normales, gesundes Leben unter diesen Voraussetzungen kaum mehr möglich sei.

Ich berichtete ihr von meiner Einstellung zum Tod und über das, von dem ich glaube, was mich danach erwartet. Mein Anliegen war es, Frau Sieg eine Orientierung zu geben. Menschen, die nach einem plötzlichen Ereignis eine Nahtoderfahrung gemacht haben, berichten oft von Orientierungslosigkeit. Und diese Frau war ja ebenfalls plötzlich aus dem Leben gerissen worden.

Frau Sieg starb in der folgenden Nacht. Sie ging friedlich von dannen. Diese Erfahrung mit komatösen Patienten habe ich schon manches Mal gemacht: Nach einer Orientierung konnten sie sich entscheiden. Für ein Weiterleben (zum Beispiel in einer Einrichtung für Beatmungspatienten) oder für das Sterben. Die meisten wählen das Sterben.

Es ist ihre freie Entscheidung, und das finde ich schön. In manchen Fällen wurde dadurch den Angehörigen die schwere Entscheidung abgenommen, ob man mit Antibiotikagabe oder künstlicher Ernährung weitermachen soll, um den Patienten irgendwie am Leben zu halten.

Wenn Sie Ihren Angehörigen diese schwere Bürde abnehmen wollen, kümmern Sie sich frühzeitig um eine Patientenverfügung, in der Sie alles festhalten, was Sie an Notfall- und letzten Maßnahmen möchten. Äußern Sie Ihren letzten Willen klar und deutlich, damit es keine Missverständnisse geben kann. Das ist für alle Beteiligten – auch für die Ärzte – eine große Erleichterung.

Maria da Silva: Kann man sich aussuchen, wie man stirbt?

Maria da Silva war Brasilianerin. Sie kam früh in ihrem Leben nach Deutschland, um als Tänzerin in einer Revue aufzutreten. Sie war das, was man als „echten Feger" bezeichnet: Klein, quirlig, temperamentvoll, attraktiv. Sie blieb in Deutschland, wo sie ihren Traumberuf viele Jahre ausübte. Als sie ins Ruhrgebiet zog, begann sie damit, sich für den Buddhismus zu interessieren. Sie war ein Mensch, der eine unglaubliche Leichtigkeit ausstrahlte. Je älter sie wurde, desto leichter wurde sie. Sie sagte, wenn sie einmal sterben sollte, wolle sie das mit der Zigarette im Mund im Auto auf dem Weg zu ihren Freunden.

Eines Tages war sie mit Freundinnen aus dem buddhistischen Zentrum verabredet und kam nicht. Barbara machte sich Sorgen und fuhr zu ihr nach Hause, um zu schauen, was los war. Sie fand Maria da Silva in ihrem Auto. Es sah so aus, als sei sie gerade eingestiegen, den Griff zu einer Zigarette, der Autoschlüssel steckte. In diesem Moment musste ein Aneurysma im Kopf geplatzt sein. Der Krankenwagen kam noch, aber Maria da Silva wachte auf der Intensivstation nie wieder auf.

Einige Freundinnen hatten eine halbe Stunde vor diesem dramatischen Ereignis noch mit ihr telefoniert. Maria da Silva war voller Vorfreude auf das Treffen gewesen.

Wie ein Puzzleteil nach dem anderen setzt sich diese Geschichte zusammen. Wie ist es möglich, dass ein Tod, der nach Maria da Silvas Wunsch außergewöhnlich aussah, genau so eintritt? Eine Antwort darauf ist nicht zu finden, aber das Beobachten lässt uns staunen. Der Tod von Maria gibt uns einen Anlass, den Gedanken zu wagen, ob wir eventuell doch eine Gestaltungsmöglichkeit unseres Sterbens haben.

Dazu müssten wir uns im Vorfeld jedoch erst einmal darüber klar werden, wie wir überhaupt sterben möchten. Und das erfordert wiederum unsere eigene Sterblichkeit zuzulassen. Die Buddhisten üben diese Praxis in der Beobachtung der Vergänglichkeit. Jeder Moment, jeder

Atemzug ist einzigartig und wird so nie wiederkommen. Wir altern jede Sekunde, jeder Moment setzt sich jeden Moment neu zusammen. Die, die wir nach Halt und Sicherheit streben, mögen es nicht, diese Tatsache zuzulassen. Aber vielleicht lohnt es sich, sich uns unsere Vergänglichkeit öfter zu vergegenwärtigen. Um vielleicht eines Tages an dem Punkt anzukommen, an dem wir die Art unseres Sterbens selbst gestalten.

Barbaras Mutter: Oder über die Art des Sterbens

Barbaras Mutter wird demnächst 80 Jahre alt. Barbara möchte es feiern. In welcher Form, fragt sie ihre Mutter. Die Mutter geht nicht auf das Thema ein. Immer wieder schüttelt sie den Kopf und will sich auf nichts festlegen. Barbara fängt an, etwas für sie als Überraschung zu planen.

Gleichzeitig besucht die Mutter den Bürgermeister und den Chorleiter ihres kleinen Städtchens. Sie ist dort geboren, großgeworden und eine bekannte Persönlichkeit. Es ist ihr klar, dass sie an ihrem Geburtstag Besuch von beiden bekommt, um geehrt zu werden. Sie erzählt beiden, dass sie an ihrem Geburtstag nicht da sein würde.

Zwei Tage vor ihrem Ehrentag ist Barbara beruflich verreist. Plötzlich erhält sie einen Anruf. Ihre Mutter ist morgens tot in ihrem Bett aufgefunden worden. Sie ist friedlich eingeschlafen. Und hat genau den Tod erlebt, den sie sich zuvor immer gewünscht hatte. Denn das war öfters Thema zwischen ihr und Barbara gewesen, über das Wie ihres Sterbens. Barbara hatte ihr empfohlen, sich auf die Art zu sterben zu konzentrieren, die sie sich für sich wünscht. Und Recht hat sie gehabt, dass man ihren Geburtstag nicht mehr planen musste…

Ich finde die Frage danach, wie ich sterben möchte, nicht so einfach. Der schönste Tod an sich, so stellt man es sich ja immer vor, ist einfach im Bett einzuschlafen. Für den so Gestorbenen und seine Angehörigen bedeutet es aber auch, dass sie keinen bewussten Abschied voneinander vollziehen konnten. Für die Angehörigen kommt es dann sehr überraschend und sie stehen oft dort mit brennenden Fragen: Wie ist er gestorben? Hat er vielleicht doch noch gelitten? Hat er sich einsam gefühlt? Schlimmer noch für die Trauernden ist das Hadern mit Versäumnissen. Das gegenseitige Aussprechen von Wertschätzung und Segnen oder womöglich ein Aussöhnen nach einem Streit ist dann so nicht mehr möglich gewesen. Plötzliche Tode sind für Angehörige eine Herausforderung. Im Gegensatz dazu ist der langsame Abschied aufgrund einer schweren Erkrankung ein Prozess, der beide Seiten langsam vorbereitet. Oft findet dort der Trauerprozess schon statt, eh der geliebte Mensch verstorben ist und man empfindet seinen Tod dann eher als eine Erlösung. Was die Trauer danach natürlich nicht aufhebt, aber vielleicht mildert.

Die brennenden Fragen, die oft auf Trauernden lasten, können zum Teil im Nachhinein aufgelöst werden. Dabei kann es womöglich hilfreich sein, hier professionelle Hilfe zu nehmen. Jemand, der von außen schauen kann, der Gefühle ordnet, damit der Trauernde sich auf das konzentrieren kann, was wirklich in ihm „brennt“. Es erfordert Offenheit und kann ein längerer Prozess sein, in Frieden mit den Geschehnissen zu kommen.

Schön ist es, wenn wir lernen, in dem Bewusstsein zu leben, dass wir sterblich sind. Und dass es jede Minute passieren könnte. Das heißt, nicht, dass wir nun aus lauter Angst und Panik aufhören, das Leben zu genießen. Aber dieses Bewusstsein kann uns achtsam werden lassen und dafür sorgen, dass es keine „Baustellen“ mehr in unserem

Leben gibt. Dass wir Konflikte zeitnah lösen und vor allem, dass wir unsere Wertschätzung gegenüber unseren Lieben jetzt ausdrücken und nicht damit warten. Dass wir uns verabschieden, wie als könnte es das letzte Mal gewesen sein. Und dass wir so anfangen zu leben, dass es nichts gibt, was wir später bereuen könnten. Und dafür ist es nie zu spät. Das Leben schenkt uns mit jeder neuen Sekunde eine Chance zum Neuanfang. Es ist an uns, ob wir uns entschließen, diese Chance zu nutzen.

Kerstin oder Sterbefasten für Anfänger

Betritt man Kerstins Zimmer umfängt einen eine warme Atmosphäre. Es ist geschmückt in der Farbe Orange. Überall schauen einen Eulen an – Eulen in verschiedensten Ausführungen. Kerstins Leidenschaft ist also leicht zu erraten. Sie liebt warme, lichte Farben und ganz eindeutig Eulen. Bei Kerstin sitzen immer liebe Menschen. Das sind Freundinnen, treue Pflege-assistentinnen von vor vielen Jahren, ihr Mechaniker, ihre Frisörin, ihre Therapeutin, denen selbst der Weg nach Lohmar nicht zu weit ist, und ihre Mutter, eine lebendige, kraftausstrahlende Frau. Sie sitzen da, weil Kerstin eine besondere Frau ist. Eine Frau, die warmherzig, klug und in sich aufgeräumt ist. Eine Frau, die zwar allen Grund für Klagen hätte, aber es nie tut. Und falls doch, gleich danach diese Klage wieder mit Humor wettmacht. Kerstin zeigt mir jeden Tag, dass ein Mensch viel mehr ist als nur sein Körper. Dass der Geist, den man ausstrahlt, viel ausschlaggebender ist als Aussehen und die physische Hülle.

Kerstin leidet seit ihrer Geburt an fortschreitender Muskelatrophie. Bei dieser Erkrankung bauen sich die Muskeln langsam und stetig ab. Bis heute gibt es keine Behandlung diese Krankheit zu stoppen. Das einzige, was man versucht, ist das Fortschreiten der Erkrankung zu bremsen und die Symptome zu lindern.

Kerstin ist seit frühster Kindheit auf einen Rollstuhl angewiesen. Zum Sitzen benötigt sie ein Korsett, das sich wie eine Schale um ihren Rumpf legt, um ihre deformierte Wirbelsäule, die nicht in der Lage ist, sie in der Senkrechten zu tragen, zu stützen. Ihre Muskeln haben sich mittlerweile so abgebaut, dass sie nur noch winzige Bewegungen mit einigen Fingern ausüben kann. Dennoch ist sie so geschickt, dass sie ihren elektrischen Rollstuhl damit bedienen und sogar mit ihrem Computer arbeiten kann. Sonst ist sie voll auf die Hilfe anderer angewiesen, im Grunde müssen alle Verrichtungen für sie vorgenommen werden.

Bevor Kerstin im Alter von 49 Jahren zu uns ins Hospiz kam, lebte sie mit ihrem Hund allein. Sie hatte rund um die Uhr Pflegeassistentinnen, die sie betreuten. Die Koordination ihres Hilfenetzwerkes lag komplett bei ihr. Kerstin hatte studiert und betreute ältere Menschen in einem Pflegeheim.

Sie hat zwei Schwestern, eine Ältere und eine Jüngere. Die Ältere hatte dieselbe Erkrankung. Sie starb an den Folgen eines Unfalls mit ihrem Rollstuhl sieben Jahre zuvor. Die jüngere Schwester war nierenkrank und war zwei Jahre zuvor plötzlich und unerwartet gestorben. Der Tod ihrer beiden Schwestern ging Kerstin eine lange Zeit sehr nahe. Kerstin kam mit dem Vorhaben zu uns, ihr Leben durch gezieltes Sterbefasten möglichst schnell zu beenden. Ich war neugierig, von ihr zu erfahren, wie sie sich so bewusst auf ihr Sterben vorbereiten konnte. Denn wenn man eine solche Diagnose, seit seiner Kindheit hat, blickt man dem Tod zwangsläufig häufig entgegen. Wir verabredeten uns zu einem Interview, und ich hoffte, von Kerstin mehr darüber zu erfahren, was ihr dabei geholfen hatte, so offen und positiv mit dem eigenen bevorstehenden Sterben umzugehen.

Nach dem Interview werde ich ihren tatsächlichen Tod schildern. Kerstin starb selbstbestimmt in der Zeit der Wintersonnenwende. Aber nicht, wie sie es geplant hatte durch Sterbefasten, sondern auf eine andere spannende Art.

Nun aber zunächst das Interview:

Kerstin, wie war Dein ursprünglicher Plan, als Du zu uns ins Hospiz kamst? Kannst Du schildern, wie es dazu gekommen ist?

Ich habe schon seit Anfang des Jahres gemerkt, dass sich mein Allgemeinzustand schnell verschlechtert. Gegen Anfang/Mitte März wurde es immer klarer, dass es für mich nicht mehr eine lange Dauer gibt, die für mich die Bezeichnung Leben ausmacht. Es war klar, dass ich weniger gut essen kann, dass ich, wenn ich weiter leben will, eine PEG (Magensonde) bräuchte, um meinen Körper zu ernähren. Das ist bei meiner Behinderung oft so, dass es sich irgendwann umdreht, dass man bei einer Nahrungsaufnahme mehr Kalorien verbraucht, als man zu sich nimmt. Und deshalb immer mehr abbaut. Und um dem entgegenzuwirken, geht man das natürlich medizinisch mit Sondennahrung an, unter anderem durch eine PEG. Schon vor anderthalb Jahren sagte mir mein Lungenfacharzt, ich solle mich darüber informieren.

Wie bist Du damit umgegangen?

Ich habe mich anderthalb Jahre mit selbstgebastelter, hochkalorischer Nahrung über Wasser gehalten. Also mit Suppe mit ganz viel Öl, Sahne und Butter, mit vielen kleinen Mahlzeiten, um das irgendwie in Gang zu halten.

Jetzt war ich an den Punkt gekommen zu merken, dass das Atmen schwieriger wird, wo zusätzlich zu der PEG also wahrscheinlich eine Dauerbeatmung im Raum stehen würde. Ich habe gemerkt, dass das nicht mein Weg ist, dass ich das nicht möchte. Dass sich mein Leben gut und rund anfühlt und dass ich mich lieber jetzt damit befassen möchte, wie ich gut sterben kann.

Was geschah dann?

Zunächst habe ich mit Freundinnen darüber gesprochen, die drei, die ich in meiner Patientenverfügung habe, die mich immer unterstützt haben. Natürlich kam die Idee auf in ein Hospiz zu gehen. Meine Freundin Chris Paul hat direkt dieses Hospiz empfohlen, weil sie hier schon Fortbildungen geleitet hat. Sie haben es sich dann noch einmal angeguckt und mit dem Hospizleiter gesprochen. Nachdem er mich in Köln-Deutz besucht hatte, hatte ich das Gefühl: Das ist es! Ich habe mich auf die Warteliste setzen lassen, speziell für dieses Zimmer, das in den Garten heraus geht. Eigentlich war der ursprüngliche Plan, hier drei Tage anzukommen und dann das Sterbefasten einzuleiten. Dann war ich hier und es war wunderschön. Alles war total liebevoll, nett und gut, der Sommer war da, und ich habe mir gedacht, den nehme ich noch mit. Jetzt ist Herbst, und ich bin immer noch da.

Ging es Dir zu Hause schlechter als jetzt?

Ja, wesentlich. Meine Gesamtverfassung ist besser geworden. Also ich war eindeutig nicht depressiv. Mein Therapeut und meine Hausärztin haben mir bescheinigt, dass meine Entscheidung, hierhin zu kommen und weitere medizinische Eingriffe abzulehnen, nichts damit zu tun hat, dass ich lebensmüde bin, sondern dass ich das angesichts meiner Diagnose und meiner Prognose reflektiert entschieden habe. Und so fühlt es sich für mich auch die ganze Zeit an. Es war die ganze Zeit wie ein Gefühl, über Wasser zu gehen. Ich wusste genau, was der nächste Schritt ist. Es lief alles so, wie es laufen sollte: Die Abwicklung meines Jobs, meiner Wohnung, die Gespräche mit meinen Eltern – es war alles ganz klar, wo es langgehen sollte. Irgendwie fantastisch. Als ich mit meinen Eltern sprach, erfuhr ich, dass sie es bereits geahnt hatten. Sie sagten sofort, wir merken, Du hast keine Kraft mehr. Für sie war es zu einem ähnlichen Zeitpunkt spürbar wie es für mich klar wurde.

Standen Deine Eltern von Anfang an dahinter?

Ja, ich habe mit ihnen nicht explizit über das Fasten gesprochen, aber ihnen gesagt, dass ich mich nicht weiter quälen und medizinisch Dinge tun möchte, um vielleicht hundert Jahre zu überleben und irgendwie zu existieren. Sie fanden das richtig und total schlüssig. Sie meinten: „Du hast immer selbstbestimmt gelebt, und dass Du jetzt selbstbestimmt stirbst, das passt einfach zu Dir."

Wie sahen die Vorbereitungen auf diesen Schritt aus? Wenn Du – wie ursprünglich geplant – nach drei Tagen das Sterbefasten eingeleitet hättest, muss es ja einen Vorlauf gegeben haben, sich mit dem Tod auseinanderzusetzen.

Für mich ist das eigentlich ein Lebensthema. Ich kann mich an keinen Zeitpunkt erinnern, an dem ich nicht im Kopf gehabt hätte: Ich werde nicht alt. Für mich war immer klar, dass diese Behinderung tödlich ist und jeder Infekt der letzte sein kann. Ich habe keinen Zeitpunkt im Leben gehabt, an dem ich länger als ein halbes Jahr geplant habe. Weil immer klar war, es ist schon wunderlich, dass ich überhaupt so alt geworden bin. Es ist sowieso nur mit Hilfe des Beatmungsgeräts so lange gut gegangen. Außerdem ist klar, dass sich mein Körper immer mehr verändert, die Wirbelsäule verdreht sich so, dass die Atmung und das Herz immer weniger Platz haben. Das alles führt perspektivisch zum Tod. Mir war immer klar, dass mein Leben sehr begrenzt sein kann.

Hat Dir das Angst gemacht?

Ich hatte mein ganzes Leben lang Angst, in irgendeinem Krankenhausbett elendig an einem Atemwegsinfekt zu ersticken. Das ist auch immer noch so. Nur, dass ich jetzt nicht mehr in ein Krankenhaus gehe. Diese Angst hat mich jetzt im Herbst wiedergefunden. Im Sommer war sie erstaunlicherweise komplett weg. Das war eine befreite, entlastete Zeit, in der ich wusste, ich bin jetzt hier und muss keine Angst mehr vor irgendetwas haben. Jetzt ist das manchmal schon wieder Thema: Wenn es ein Infekt wird, dann ist hier der beste Ort für mich, zu gehen.

Hat man Dir nie erzählt, was man machen kann, dass Du nicht jämmerlich erstickst? Zum Beispiel die Gabe von kleinen Dosen von Morphin, die einem die Angst vor der Luftnot und damit die Luftnot nehmen?

Als die Ängste zurückkamen, hatte ich ein Gespräch mit der Ärztin. Sie hat gesagt, dass sie zum einen versuchen, dass ich mich nirgendwo anstecke, und wenn es nicht verhindert werden könne, zu versuchen, die Symptome so gut es geht zu lindern. Und das ist auch meine Hoffnung.

Wärest Du beruhigter gewesen, wenn Du das eher gewusst hättest?

Auf jeden Fall.

Also liegt es auch an mangelnder Aufklärung.

Ja, und auch an mangelnden Vorbildern. In Hinblick auf einige Kollegen aus Selbsthilfezusammenhängen habe ich kein positives Vorbild von Menschen gehabt, die sich bewusst entschieden haben: Okay, jetzt ist es gut. Ich kenne nur im Zweifelsfall einen Luftröhrenschnitt und dann noch eine Dauerbeatmung. Dass man nach einem Infekt von einem verschobenen Röhrchen im Hals erstickt. Das finde ich sehr dramatisch. Wenn ich wenigstens irgendeine Idee gehabt hätte – aber Hospiz kam für mich nicht in Frage. So pervers es klingen mag, aber es gab Zeiten, da habe ich krebskranke Menschen beneidet. Weil ich dachte: Die dürfen ins Hospiz, die dürfen dort in Frieden sterben. Das habe ich für mich überhaupt nicht in Betracht gezogen.

Das bezeugt ja letztendlich mangelnde Aufklärung. Wenn Du da vorher mehr drüber gelesen hättest, wäre da vielleicht ein anderes Bild entstanden.

Wenn, dann gab es immer nur die öffentliche Sterbehilfediskussion mit „Willst Du in die Schweiz fahren oder nicht?" Da habe ich immer gesagt: Nein, das ist für mich kein Sterben. Das ist ein brutaler Suizid. Ich kann das verstehen, wenn Menschen das machen möchten, aber das war nicht mein Weg. Mir da irgendetwas verabreichen zu lassen, an irgendeinem Datum, das man irgendwie festlegt, das fand ich nicht gut. Ich wollte das schon im Einklang mit meinem Körper und meiner Seele gestalten. Und nicht einfach etwas festlegen. „Einfach“ in Anführungszeichen, weil ich weiß, es ist nicht einfach, diesen Weg einzuschlagen. Aber für mich konnte ich mir das nicht vorstellen.

Sterbefasten ist allerdings auch ein selbstbestimmtes Sterben.

Ja, aber es fühlt sich natürlicher an. Weil es durch meine Lebensperspektive eher von alleine einsetzt. Je anstrengender das Essen, das Kauen und das Schlucken wird, und je weniger dieses funktioniert, desto organischer gestaltet es sich. So dass ich nicht sagen muss, heute ist der Tag, wo ich aufhöre. Denn es wird halt einfach immer weniger.

Also mehr ein Beobachten des Körpers: Wenn er sich langsam verabschiedet, dann nehme ich das an?

Genau. Aber ich habe die Option, wenn es qualvoller wird, es zu beschleunigen, indem ich nicht noch zusätzlich Nahrung zu mir nehme. Ja, wie gesagt, das hat sich sehr verändert in den letzten Wochen. Aber solange es mir noch gut geht, ich mich noch so weit wohl fühle und nicht ständig Schmerzen aushalten muss, so lange schaue ich, was passiert.

Ich denke, wenn Du Dich Dein ganzes Leben lang mit diesem Thema auseinandergesetzt hast, wirst Du Dir eine Vorstellung gemacht haben, wo es eventuell mal hingeht?

Ja, ich glaube ganz sicher, dass es irgendwo hingeht. Ich bin nicht fest im Glauben verankert, sondern glaube eher, dass Energie bleibt, dass sich alles wandelt, dass nichts verloren geht. Anders ergibt das für mich keinen Sinn. Das ist ja in der Natur tausendfach zu beobachten, wie sich alles wandelt, vergeht und wieder neu entsteht. Das glaube ich auch für die Seele – oder wie auch immer man das nennen möchte: Der Körper des Menschen vergeht, aber die Kernenergie geht irgendwo hin, verändert sich und wird etwas Neues.

Hast Du Dir das erarbeitet oder ist das Wissen, das Du schon immer in Dir getragen hast?

Eine ganze Weile in den 80er und 90er Jahren habe ich mich mit der Esoterik beschäftigt, später hatte ich eine ziemliche Lebenskrise. Da kommt man ja auch an diese Fragen. Und ich habe viel gelesen und gefragt. Besonders in den letzten Monaten fand ich es immer sehr spannend, mit allen möglichen Menschen darüber zu reden. Und natürlich nach dem Tod meiner großen Schwester, da war das auch eine Phase, in der ich von ganz vielen wissen wollte, wie andere das sehen, fühlen oder welche Einstellungen sie haben. Da gibt es ja so spannende Geschichten. Meinen Wasserlieferanten habe ich gefragt, von dem ich seit Jahren mein Quellwasser geliefert bekomme. Wir haben immer noch eine Verbindung. Da kam die Geschichte von seiner Frau, die im Koma lag und gestorben ist, und zu der er heute noch Kontakt hat. Das ist ungefähr 18 Jahre her, für ihn ist ganz klar, dass da noch etwas ist, eine andere Dimension, in der die Energien oder die Seelen – wie auch immer man das betitelt – bleiben.

Du bist schon mehrmals mit dem Tod konfrontiert worden. In welchem Zusammenhang?

Von klein auf wusste ich, dass ich nicht alt werde. Das wurde mir vor meiner Geburt prophezeit. Meine Mutter war im fünften Monat schwanger, da bekam meine große Schwester die Diagnose ihrer Behinderung. Und meinen Eltern wurde gesagt, sie sollten keine weiteren Kinder zusammen haben. Aber da war meine Mutter schon mit mir schwanger. Ich glaube daran, dass ich damals mitgehört habe. Ich wurde direkt nach der Geburt untersucht und für gesund befunden. Aber meine Mutter hat schon nach ein paar Tagen gesehen, dass ich genauso wie die Große bin, dass ich mich ganz wenig bewegt habe. Sie hatte immer einen Vergleich zu meiner Kusine, die strampelte und ganz anders war. Meine große Schwester war zweieinhalb Jahre älter als ich.

Aber auch das Kämpfen habe ich mit in die Wiege gelegt bekommen. Und das Nicht-Sterben-sollen und nicht -dürfen. Das ist für mich jetzt noch ein Prozess, mir das zu erlauben. Zu sagen, es ist gut. Ich und mein Körper sind erschöpft, und das ist in Ordnung. Ich muss nicht mehr kämpfen. Für niemanden mehr.

Wurde von Dir verlangt, zu kämpfen, um im Leben zu bleiben?

Im Alltag wurde viel Disziplin gefordert, regelmäßig die richtigen Sachen zu mir zu nehmen, so fit wie möglich zu bleiben, genug zu schlafen und mich nicht zu überanstrengen. Ich habe ganz schön viel dran gesetzt, dass der Körper so lange durchhält.

Hattest Du zwischendurch Krisen, in denen Du gesagt hast: „Eigentlich habe ich keine Lust mehr, aber ich mache jetzt weiter wegen meiner Eltern oder Geschwister."

Ja, auf jeden Fall. Wobei das dann eher psychisch motiviert war. Das waren eher depressive Phasen. Das war etwas anderes als jetzt. Jetzt ist das eine Mischung aus körperlich, mental und seelisch. Insgesamt eine Grundverfassung, die einfach nicht mehr für meinen Anspruch ans Leben reicht. Es gab einmal eine Werbung für Brot für die Welt, wo zwei Reiskörner auf dem Teller liegen, und da steht darunter: „Weniger ist mehr." Ich habe jetzt das Gefühl, noch weniger zu können, noch weniger Fähigkeiten zu haben, noch mehr an meine Grenzen zu stoßen. Da ist für mich die Grenze.

Du hast zwei Deiner Geschwister verloren.

Genau. Das ist auch ein Punkt. Inzwischen sind auch schon viele Kameraden aus der vierten, fünften und sechsten Klasse gestorben. Das Thema hat mich immer begleitet. Bei meinen Schwestern war es beide Male recht unerwartet, obwohl beide ja schwerstbehindert waren. Meine große Schwester, die an den Folgen ihres Unfalls gestorben ist, würde wahrscheinlich noch leben. Obschon sie die gleiche Behinderung, wie ich hatte, war sie insgesamt fitter. Auch die kleine Schwester – sie hatte keine Nieren mehr und brauchte Dialyse – starb, als sie sich gerade von einer Sepsis erholt hatte. Sie brauchte einen kleinen Eingriff für einen Dialysezugang und bekam nach der OP eine Gehirnblutung. Der Zeitpunkt war bei beiden eher unerwartet und sehr schockhaft.

Welche Schlüsse ziehst Du daraus?

Ich denke, das kann auch anders gehen und bin total dankbar, dass ich es anders leben darf. Dass ich mich vorbereiten darf, dass ich meine Liebsten vorbereiten darf, dass ich mitkriegen kann, wie deren Reaktionen sind, dass man sich noch einmal austauscht, dass man noch einmal gegenseitig seine Liebe und Zuneigung ausdrücken kann und dass es nicht erst nach dem Tod stattfindet. Ich fand es so traurig bei meiner großen Schwester: Alle waren bestürzt, alle waren voller Liebe, aber sie war ja dann weg und konnte das gar nicht mehr mit dem Menschen zusammen erleben.

Das ist bei Dir anders: Viele Menschen kommen zu Dir, drücken Dir ihre Liebe und Wertschätzung aus. Das ist schon ein Geschenk. Hast Du das Gefühl, für Deine Schwestern kam der Tod vollkommen überraschend oder gab es im Vorfeld Anzeichen, die auf ihren Abschied hindeuteten?

Als meine kleine Schwester die Sepsis hatte, habe ich sie auf der Intensivstation besucht. Da ging es ihr richtig schlecht und es war nicht klar, in welche Richtung es gehen würde. Da guckte sie so komisch. Ich habe sie ganz offen gefragt, ob sie sich Sorgen macht, ob sie Angst hat, und da sagte sie, sie habe keine Lust zu sterben, sie will alt werden und ihre Leute brauchen sie noch. Dabei hat sie fürchterlich geweint, und da habe ich gesagt: Solange Du hier bist, sind wir für Dich da, und wenn Du sterben musst, dann weißt Du doch, dass Deine große Schwester und Oma für Dich da sind. Daraufhin hat sie sich ein bisschen beruhigt. Ich hoffe, es hat ihr geholfen, dass sie sich dann, als die andere körperliche Krise kam, verabschieden konnte. Ihr Körper war wirklich malträtiert.

Ich habe sie ja beim Ankleiden begleitet, mein Gott, dieser Körper war eine einzige Narbe. Am Bauch und überall waren unglaublich viele Narben und Einstiche, sie ist ja mehr als 150 Mal operiert worden. Es war ein Wunder, dass sie das so lange ausgehalten hat. Vier Nieren hat sie in 30 Jahren bekommen, die erste mit sechs.

Eine echte Leidensgeschichte.

Ich denke, sie hatte viel Angst. Sie ist zum Beispiel nicht zu meiner großen Schwester hineingegangen, als sie gestorben war und wir von ihr Abschied nehmen konnten. Das konnte sie nicht, aber sie hat ihr einen Brief geschrieben und zu uns gesagt, dass wir ihn auf die Decke mit der Schrift nach außen legen sollen, damit Silke ihn von oben lesen kann.

Und wie hast Du Deine Trauer durchlebt?

Mit meiner großen Schwester, das war ein echter Schock. Bevor sie starb, war ich sehr depressiv und mit der Situation total überfordert, so dass ich dachte, das schaffe ich nicht, sie jeden Tag im Krankenhaus zu besuchen. Dann ist sie gestorben, und ich dachte, nein, ich will sie jeden Tag besuchen, ich hab es nicht so gemeint. An solchen Themen habe ich mich eine ganze Weile abgearbeitet, bis mir klar wurde, dass es für sie eigentlich erlösend war. Sie hätte sehr gelitten, wenn man ihr Leben weiter aufrecht erhalten hätte. Dabei war sie immer fitter als ich und hat auch immer eine halbe Stelle gearbeitet. Eigentlich war gerade alles gut bei ihr im Leben, sie hatte grade ihre Beziehung gut aufgebaut und ihre neue Wohnung war gerade fertig, der Garten schön gemacht. Sie hätte ein neues Arbeitsprojekt angefangen, so dass wir uns alle gefragt haben: Warum gerade jetzt, wo alles so schön ist. Irgendwann habe ich gesagt, vielleicht war es gerade das, weil alles so schön und gut war.

Es gibt ja das Sprichwort, nach dem man gehen soll, wenn es am schönsten ist.

Ja genau. Bei Ivonne war es genauso: Gerade war alles gut, sie hatte eine tolle Wohnform für sich gefunden, eine Wohngemeinschaft für Menschen mit Lernbehinderung, wo sie sich total wohlgefühlt hat. Sie hatte sich von dieser Sepsis einigermaßen erholt und hatte gerade wieder angefangen, zu arbeiten, eigentlich war alles gut. Das war auch ein Zeitpunkt, wo alle gesagt haben, das hätte sie doch eigentlich jetzt noch genießen können. Aber ich denke, irgendwie passt es einem ja nie.

Wie viele Jahre lagen zwischen dem Tod Deiner Schwestern?

Fünf Jahre. Meine kleine Schwester ist in der Nacht verstorben, in der meine große Schwester 50 geworden wäre. Das war kein Zufall. Die waren verabredet, die zwei.

Was hat Dir in dieser schwierigen Zeit Kraft gegeben? Auf was konntest Du zurückgreifen?

Die liebevolle Unterstützung durch Freundinnen hat mir ganz viel geholfen. Die wirklich immer da waren, die sich Tag und Nacht angeboten haben. Dann habe ich noch einmal Psychotherapie gemacht und mein Hund hat mir total geholfen. Also, für diesen kleinen Vierbeiner verantwortlich zu sein, ihn versorgen und rausgehen zu müssen. Ich hätte viele Wochen im Bett verbracht, wenn ich mich nicht um meinen kleinen Hund hätte kümmern müssen. Dann war da noch das Gefühl, dass ich bleiben muss, weil ich es meinen Eltern nicht antun kann, auch noch zu verschwinden.

Und dann?

Nach dem Tod meiner zweiten Schwester habe ich eine Freiheit gespürt: Die können das, dann ist es auch okay, wenn ich nicht mehr kann. Dass meine Eltern das durchaus tragen können. Meine Mutter hat – so abartig das sich anhören mag – immer gehofft, dass ich früher sterbe als sie, damit sie bis zum Schluss für mich da sein kann. Das ist sehr, sehr großherzig, den eigenen Schmerz so in Kauf zu nehmen. Ich habe mir immer gewünscht, dass ich den Tod meiner Eltern nicht auch noch verkraften muss. Nicht, weil ich glaube, Tod ist etwas Schreckliches, sondern weil ich weiß, wie sehr mir diese Menschen im Alltag fehlen würden. Besonders meine Mutter. Mein Vater war ja viele Jahre nicht da, die Verbindung ist nicht so stark.

Und wie schaust Du auf dein Leben zurück?

Verglichen mit anderen hatte ich es total gut. Es gibt Kinder, irgendwo in Afrika, die nichts zu essen und zu trinken haben, die an irgendwelchen Krankheiten leiden oder sterben. Es ist immer die Frage, an was man sich orientiert. Im Gegensatz zu einem nicht behinderten Kind in einer reichen Familie hatte ich es natürlich schwerer. Aber ich hatte immer eine liebevolle Mutter und das Glück, Verbindung zu Menschen aufnehmen und halten zu können. Ich hatte immer genug zu essen, ich habe für die anstehenden Probleme immer Strategien und Lösungen gefunden. Von daher hatte ich ein privilegiertes Leben. Ich hatte Hilfsmittel, die nur wenigen Menschen auf der Welt zur Verfügung stehen, die ich nicht selbst bezahlen musste.

Das klingt ziemlich bescheiden.

Ich habe auch manch wundersame Dinge erlebt: Mein Auto geht kaputt und über 53 Ecken wird mir über eine Organisation ein neues gekauft. Oder Reisen, die ich gerne machen wollte, wo das Geld und die Organisation fehlten. Auf einmal war beides da und ich konnte es tun. Ich habe 21 Jahre in Köln-Deutz gewohnt, in einer wunderschönen Wohnung mit Blick ins Grüne. Ich hatte eine gute Assistenz und immer eine tierische Begleiterin, die mir viel Freude gemacht haben. Viele Freundinnen, die mir treu sind und mich bereichern. Ich habe viel Scheiß, aber auch viel Gutes erlebt.

Würdest Du sagen, Dein Leben ist rund?

Ja, total.

Hast Du Dein Leben gerne gelebt?

Ja, auf jeden Fall. Ich hatte auch nie dieses klassische: „Warum ich?“. Manchmal leide ich unter meiner Behinderung. Auch unter der Aussicht, dass ich bald sterbe. Aber irgendwie ist es alles stimmig. Manche Menschen denken: Wäre ich doch nie geboren worden. Das würde ich auf keinen Fall sagen. Ich bin total froh darüber, dass sich meine Eltern für mich entschieden haben. Heute wird noch relativ spät abgetrieben, wenn befürchtet wird, dass ein Kind behindert ist. Ich bin froh, dass meine Eltern mich nicht verhindert haben, dass ich leben durfte. Es war auch einiges Schweres dabei und es gab Phasen in meinem Leben, die hätte ich gut auslassen können. Aber das gehörte eben auch dazu und hat mich dazu gemacht, wie ich geworden bin. Und das finde ich gut. Seit für mich klar ist, wo es hingeht, kam von den meisten Menschen – und das hat mich erstaunt – die Frage: Und was willst du noch machen? Hast Du eine Liste, was Du noch erleben willst, willst Du noch mal ans Meer fahren, welche Wünsche hast Du noch? Und ich hatte ganz klar in mir: Nee, habe ich nicht, und zwar nicht, weil es mir egal ist oder weil ich es doof finde, sondern weil es einfach nicht mehr so brennt. Ich bin mein Leben lang total gerne ans Meer gefahren und konnte mir nie vorstellen, dass ich irgendwann mal sagen kann, nein, ich muss da nicht mehr hin. Es ist okay, ich war Ende März da und habe mich verabschiedet.

Die Wunschliste ist also leer?

Ja, da sind nur kleine Wünsche: Noch einen Sonntag erleben oder einen Käsekuchen essen. Kleine Sachen, die für mich nicht die Riesen-Bedeutung haben, aber schön sind.

Macht Dich das freier?

Erst einmal war ich überrascht, weil ich wirklich nicht gedacht hätte, dass sich das so anfühlen kann. Ja es macht so eine Ruhe, ich muss nichts mehr hinterherhetzen.

Bist du zufrieden mit dem, was Du hinterlässt?

Ja, bis auf den Kummer, den ich hinterlassen werde. Damit komme ich immer noch nicht so gut klar. Meine Therapeutin hat einen schönen Spruch gesagt: „Sie können nicht gehen und eine heile Welt hinterlassen. Das widerspricht sich, denn natürlich werden die Menschen um Sie trauern. Das können sie keinem abnehmen, und da sind Sie auch nicht dran schuld. Klar ist das der Auslöser, wenn Sie nicht mehr da sind, aber das ist dann halt so, und das ist nichts, was Sie verhindern können. Außer Sie benehmen sich in den letzten Wochen total daneben. Aber das schaffen Sie nicht."

Das ist der Preis für die Liebe. Sobald wir anfangen zu lieben, wird es weh tun, weil es irgendwann eine Trennung gibt. Das gehört zum Leben.

Ja, das ist für mich noch eine Aufgabe, das zu lernen. Ich hatte das mit einer einzigen Freundin, die gar nicht klar kam mit meiner Entscheidung, hierher zu gehen. Es war meine engste Freundin auf verschiedenen Ebenen. Bei ihr habe ich gemerkt, wie schwer es mir fällt, ihren Kummer zu erleben und zu wissen, dass ich in den letzten 18 Jahren in jeder Lebenskrise für sie da war, aber nicht mehr für sie da sein kann. Das ist für mich ganz schwer auszuhalten.

Wäre das nicht eine Option, zu sagen: „Ich bin trotzdem für Dich da!"
Immerhin bist Du ja auch davon ausgegangen, dass sich Deine Schwestern verabredet haben.

Dafür ist sie nicht so zugänglich. Sie denkt, dass alles irgendwie vorbei ist, alles weg. Sie hat keinen spirituellen Hintergrund, sie verneint das kategorisch.

Hast Du Angst vor dem Sterben?

Also, was immer noch geblieben ist, ist die Angst vor

dem Ersticken. Ich hatte halt einige Erstickungsmomente. Schon als Kind hatte ich dauernd Lungenentzündungen, zwei Mal im Jahr lag ich im Krankenhaus. Da hatte ich einige Mal Panik, das war ganz furchtbar. Es war eine Mischung von Kindsein, Ausgeliefertsein und eben diese Erstickungsangst. Das sitzt bei mir ziemlich tief.

Hast Du eher Angst vor dem Sterben als vor dem Danach?

Ja genau. Was das Danach angeht, entwickle ich immer mehr eine Neugierde. Ich bin ganz gespannt.

Wie kam es zu dieser Neugierde?

Ich weiß gar nicht genau. Zweieinhalb Wochen, bevor ich hierhin gekommen bin, hatte ich erst Angst, dass ich hier nicht gut versorgt werde. An einem Wochenende habe ich dann mit einer Freundin die Festschrift zum 25-jährigen bestehen des Hospizes gelesen. Nachdem wir viel darüber geredet hatten, war auf einmal das Gefühl da, dass alles total gut werden wird. Damit war diese Angst weg. Danach kamen die Gedanken wieder zum Sterben und Tod. Auf einmal kam etwas in mir hoch, was es spannend findet, was da so passiert und was danach kommt.

So etwas wie eine freudige Erwartung?

Ja, sehr wohl. Für mich ergeben eigentlich nur zwei Optionen Sinn. Die eine Option ist, dass da gar nichts ist. Das finde ich sinnlos, aber vorstellbar. Die andere sieht so aus, dass es so schön ist, dass wir es gar nicht wissen dürften, sonst würde sich niemand hier mit dem Erdendasein abplagen. Die Leute würden sich reihenweise umbringen, wenn sie wüssten, wie toll es in den anderen

Ebenen ist. Das ist für mich eine vorstellbare Option.

Zum Glück bin ich nicht mit dem Fegefeuerscheiß aufgewachsen. Das finde ich überhaupt nicht vorstellbar. Wozu sollte das sein? Diese Gedanken hatte ich auch nicht bei meiner Schwester. Meine Trauerbegleiterin fragte mich, ob ich glaube, dass sie es jetzt gut hat. Da dachte ich, was für eine komische Frage. In mir war noch nie der Gedanke, es könne ihr schlecht gehen. Manche Menschen haben wohl Angst, dass ihre Verstorbenen irgendwo landen und gequält werden. Ich finde das total abstrus.

Das klingt tröstlich.

In unserem Leben und in unserer Gesellschaft leben wir immer nach dem Dualitätsprinzip. Das wird, glaube ich, mit dem Tod aufgehoben. Da gibt es kein Gut und Böse, da gibt es nur eine Helligkeit und sonst nichts. Ich denke, das ist die Erlösung aus dem Dualitätskonflikt. Klar, der Tod wird immer als Katastrophe gesehen, aber eher, weil es für die Hinterbliebenen eine Katastrophe darstellt. Nicht, weil es für die Betroffenen selbst schlimm ist.

Wie meinst Du, können wir uns am besten auf unser Sterben vorbereiten?

Ich glaube, wir müssen uns von diesem Katastrophengefühl lösen und den Tod entdramatisieren. Ihn als etwas Organisches betrachten: als einen Schritt auf unserem Weg. Ein besonderer Schritt, aber letztlich doch nur einer in unserem Leben. Was mir hilft, ist die Vorstellung, dass wir geliebte Menschen, die vor uns gestorben sind, wiedertreffen. Nicht in ihrem körperlichen Gewand, sondern anders. Dass wir wieder in eine nähere Verbindung zu ihnen treten. Und dass wir abgeholt und erwartet werden. Sich dazu schöne Bilder zu machen. Das

Buch „Schwester Tod“ fand ich sehr schön. Es betrachtet den Tod historisch im Zusammenhang mit der Frauenkultur und spricht über die weißen Frauen und die ganze Symbolik.

Was bedeutet Dir dieses Buch?

In der Zeit, als ich es gelesen habe, war eine Freundin hier, die morgens hier spazieren ging, als Nebel über den Feldern lag. Sie kam ganz berührt wieder und sagte, sie habe die weißen Frauen gesehen, sie sind bei Dir. Das fand ich tröstlich. Das ist also nichts, was mich gruselt, ich finde diese Bilder eher hilfreich. Sich diese Frauen als Helfer vorzustellen, sich an sie zu wenden und sich helfen zu lassen. Es gibt immer Zeichen, die man sehen kann. In den drei Monaten, die ich hier bin, sind nur Menschen auf den oberen Etagen gegangen. Und nun in kürzester Zeit drei auf meiner Etage. Ich halte das nicht für Zufall. Ich fühle, dass es mir näherkommt, aber ich fühle mich davon nicht bedroht. Oder wie eine Freundin sagte: „Die Tödin hat dir zugenickt.“ Mit anderen Worten: Es geht darum, ein freundliches Bild vom Tod zu pflegen.

Welche Faktoren ermöglichen friedliches Sterben?

Gut begleitet zu sein von lieben Menschen. Gut informiert zu sein ist hilfreich, manche Menschen brauchen medizinische Details: Was passiert mit meinem Körper, wie sehen die Phasen aus. Damit habe ich mich auch einmal eine Zeitlang befasst, weil ich es interessant fand. Auch durch meinen Beruf - ich habe mit Seniorinnen gearbeitet, und da sind in den Jahren einige verstorben. Das fand ich schon interessant, wie man die Phasen beobachten konnte. Wie sich die Menschen langsam verabschiedet haben. Dann sind da noch unterstützende und freundliche Sichtweisen auf den Tod. Damit kann man ihn eher zulassen.

Es ist also in etwa das, was eine Hebamme bei der Geburt macht. Begleiten, informieren, medizinische Betreuung, Mut machen, stärken, der Normalität des Übergangs Raum geben.

Ja genau. Ich finde es bei Babys und Versterbenden wichtig, auf allen Ebenen gehalten zu werden. Auf der körperlichen sowie auf der seelischen, mentalen und geistigen Ebene gut versorgt zu sein. Ich wurde oft angesprochen, ob es nicht schrecklich sei, mit Ende 40 in ein Hospiz zu gehen. Darauf kann ich nur antworten: Im Gegenteil, das ist gut, das ist doch normal. Überall wird vor Tod und Sterben Panik verbreitet, hier gehen alle normal damit um, weil sie sich auskennen. Klar, manchmal ist es schwer, die Traurigkeit der Angehörigen zu erleben, aber dass es einen Ort gibt, wo Sterben Platz und Normalität hat, empfinde ich als entlastend. Ihr seid ja bis zum letzten Atemzug und darüber hinaus total liebevoll mit den Leuten.

Das ist ja auch nicht nur ein Haus zum Sterben, sondern ein Haus des Lebens, in dem man möglichst viele Wünsche erfüllt und dabei von Fachleuten umgeben ist.

Ich empfinde es als besonders, dass man hier sterben darf, aber nicht muss. In der Gesellschaft darfst Du ja nicht sterben, du musst leisten, du musst gesund bleiben und im Krankenhaus musst du gesund werden. Hier kommst du hin und du darfst sterben, wenn es so weit ist. Aber bis dahin darfst du noch leben, so gut es geht. In gewisser Weise ist man hier vogelfrei. Alles, worauf du vorher achten musstest – gesund leben, Zähneputzen etc. – ist nicht mehr wichtig. Man erlaubt sich plötzlich das Leben. Deshalb erholen sich viele und leben hier im Hospiz oft viel länger als gedacht. Weil sie sich erlauben zu leben. Und zu sterben. Das geht Hand in Hand.

Wie es ausging mit Kerstin:

„Schau mal, Sterbefasten für Anfänger." Zitat mit einem Lachen von Kerstin, vor einem riesigen Stück Tiramisu, rund drei Wochen vor ihrem Tod.

Ursprünglich hatte Kerstin vor, uns noch zwei Wochen einzuarbeiten, um sich dann mit der Unterstützung ihrer Freundinnen von diesem Leben zu verabschieden. Aber mit jedem Tag, den sie bei uns war, ging es ihr besser. Sie blühte geradezu auf, fing wieder an, ein wenig zu essen, und nahm, wie sie sagte, „ den Sommer noch mit". Ihre Freundinnen gaben Konzerte, Theateraufführungen und Lesungen für sie, auch im Hospiz war Kerstin wie ein Magnet. Es bildeten sich Freundschaften mit anderen Gästen, auch zwischen uns entstand eine warme Beziehung.

Zum Herbst hin verließen Kerstin die Kräfte. Immer stärker wurde ihre Sehnsucht, zu ihren Schwestern zu gehen. Sie wolle nur noch loslassen, auf niemanden (besonders auf ihre Eltern) Rücksicht nehmen und auf die in ihren Augen spannende Reise gehen.

Irgendwann war es dann soweit. Sie entschied sich für dic Tage um die Wintersonnenwende, da diese gut passen würden, weil dort der Vorhang zwischen den Welten lichter sei. Zur gleichen Zeit verstarb eine ältere Dame, die lange bei uns war und zu der Kerstin ein liebevolles Verhältnis aufgebaut hatte. Als diese im Sterben lag, war es Kerstin ein Anliegen, zu ihr zu gehen, um sich zu verabschieden. Sie war längere Zeit allein im Zimmer dieser Dame. Ich weiß nicht, was die beiden geredet haben. Ich nehme an, dass Kerstin ihr Mut zugesprochen und gesagt hat, sie werde bald nachkommen. Die Dame verließ diese Welt friedlich, kurz nachdem Kerstin bei ihr gewesen war.

Kerstin hörte samstags auf, zu essen und zu trinken. Sie sprach zu mir von einem großen Glücksgefühl, auf ein reiches, erfülltes, glückliches Leben zurückschauen zu können, die schönen Monate im Hospiz noch erlebt zu haben und im Kreise ihrer Mutter und ihrer Freundinnen zu sterben. Alles hatte sie geplant. Die Urne, ein ausgehöhlter Birkenstamm, stand neben ihrem Bett, der Beerdigungsort stand auch schon fest. Ich versorgte sie noch am Sonntag, setzte sie in ihren Rollstuhl, sie verbrachte noch 20 Minuten draußen auf dem Feld. Danach war sie so geschwächt, dass ich sie wieder ins Bett legen musste. Am Morgen trank sie noch einige Schluck Tee. In der Nacht wurde sie unruhig, hatte Angstattacken und schellte sehr oft. In der Fachsprache nennt man das präfinale Unruhe, ein normales Phänomen. Um es verständlicher auszudrücken: Man kann es auch Reisefieber nennen.

Immer war ihre Mutter oder eine ihrer Freundinnen bei ihr, zuletzt bekam sie eine geringdosierte Tablette gegen Unruhe, nach der sie einschlief. Den Montag verbrachte Kerstin komatös. Als ich am Dienstagmorgen mit ihrer Mutter nach ihr schaute, hatte sie sich trotz Atemgeräts still und leise davongemacht.

Wir waren alle fasziniert. Wieder einmal hat uns ein Mensch gezeigt, dass Sterben anscheinend mehr sein kann als der Prozess, dass ein Körper in seiner Vergänglichkeit aufhört zu funktionieren. Kerstin starb nicht am Verdursten. Bei Kerstin war es ein Entschluss. Sie wollte gehen, und der Körper hat sich dem untergeordnet. Unsere größte Angst ist der Kontrollverlust, aber was wäre, wenn wir uns bewusst darüber würden, wie viel Macht wir hätten, unser Sterben selbst zu gestalten?

Kerstin ist wahrlich kein Einzelfall. Es gibt Fälle, in denen man denkt: Eigentlich müsste der Mensch bereits gestorben sein. Aber er hält fest, bis die Tochter aus der Türkei angereist ist. Oder mein Vater damals, der angesichts der beginnenden Schule und unserer Not, wie wir seine Betreuung organisieren können, am Samstag vor Ferienende von uns ging.

Was erleichtert uns, diesen Gang ins Ungewisse friedlich und im Einklang mit sich selbst zu gehen? Kerstin hat es vorgemacht. Ein Leben zu führen, das reich und sinnerfüllt ist. Das hat nicht immer mit den Umständen zu tun, die ein Leben in unserer Vorstellung reich machen. Wie kann ein Leben reich sein, wenn man zeit seines Lebens komplett gelähmt und auf die Hilfe anderer angewiesen ist? Wenn man einen deformierten Körper besitzt und eine leise, piepsige Stimme hat? Wenn man keine Familie gründen kann und weit entfernt davon ist, einsatz- und leistungsfähig zu sein (was in unser Gesellschaft ein wichtiges Kriterium darstellt)?

Was Kerstin viel Mut gegeben hat, ist die Vorstellung, dass es über den Tod hinaus noch etwas gibt. In ihrem Falle freute sie sich auf ein Wiedersehen mit ihren Schwestern. Für sie bedeutete Sterben eine spannende Reise anzutreten. Manche Menschen bringen solch eine Haltung mit. Da ist es ein Urvertrauen, vielleicht dort als Gefühl zu finden, wo man auch seine Intuition ansiedelt. Man kann sich diesen Status aber auch erarbeiten, indem man beobachtet, Menschen zuhört, die sich intensiv mit dem Thema Tod und Sterben auseinandersetzen, Erfahrungsberichte liest, sich mit Nahtoderlebnissen beschäftigt. Und offen dafür ist, seine gewohnten

Denkbahnen zu erweitern. Für einen Bereich, der nicht fassbar und kontrollierbar ist, der meiner Meinung nach aber sehr wohl existiert. Es gibt so viele Phänomene, die im Zusammenhang von Leben und Tod auftreten, die nicht erklärbar sind und uns immer wieder in Staunen versetzen.

Wie uns Kerstin gezeigt hat, ist es auch hilfreich, sich gut informiert und begleitet zu wissen. In unserem Leben haben wir für alle Bereiche, in denen wir uns nicht auskennen, einen Fachmann. Habe ich Fragen zu meiner Steuererklärung, ziehe ich einen Steuerberater hinzu. Habe ich Fragen zu einem Rechtsstreit, suche ich einen Rechtsanwalt auf. Ist mein Auto kaputt, fahre ich zu einem Automechaniker. Nur was den Bereich Sterben und Tod angeht – also der Bereich, der uns am meisten beunruhigt – fehlt es an der Selbstverständlichkeit, Fachleute hinzuzuziehen. Dabei wäre es gerade dort hilfreich. Nicht nur für Sterbende, sondern auch für Angehörige, die unmittelbarer Teil des Geschehens sind. Fachleute, die die körperliche, mentale und seelische Ebene abdecken. Die Antworten auf Fragen erarbeiten, die den Sinn unseres Lebens berühren, und die schauen, wie Menschen zu einer guten, heilsamen Lebensbilanz kommen. Kerstin ist durch ihr Leben, ihre Erkrankung und ihre Schicksalsschläge geprägt worden. Sie hat in ihrem Leben manches tiefe Tal durchschritten, sammelte dabei aber auch viel Reichtum, Kraft und Klarheit. Sie wählte zum Abschied einen guten Ort und ein gutes Team als Begleitung. Sie hat uns an diesem Prozess teilhaben lassen. Dafür danke ich ihr von Herzen.

Herr und Frau Huber: Ein Lächeln auf dem Antlitz

Ich betrete morgens das Zimmer von Herrn Huber. Er war am Abend zuvor verstorben. Seine Frau hatte die Nacht bei ihm verbracht und saß nun neben seinem Bett. Im Raum sind Frieden und Einverständnis zu spüren. Herr Huber liegt in seinem Bett, ein Ausdruck von freudiger Überraschung zeichnet sein Gesicht. „Wie schön er doch aussieht“, sage ich zu seiner Frau. „Ja“, antwortet sie, „es ist alles so schön und gleichzeitig so traurig.“ Der Satz kommt aus ihrem tiefsten Herzen.

Damit hat sie sehr treffend ausgedrückt, was deutlich zu spüren ist: Die meisten Verstorbenen strahlen – es geht ein bestimmter Glanz von ihnen aus. Und die meisten lächeln und schauen verwundert, als wollten sie sagen: „Ach, so ist das, jetzt verstehe ich.“

Die Stunden nach dem Versterben sind so etwas wie eine heilige Zeit. Man kann sie vergleichen mit dem Wunder einer Geburt. Tatsächlich ist der Tod ja eine Geburt in etwas Unbekanntes. Für Neugeborene gilt das genauso. Auch sie wissen nicht, was sie in ihrem Leben erwartet.

Ich empfehle Angehörigen immer, sich Zeit zu lassen und diese Atmosphäre in sich aufzunehmen. Wir tauchen noch einmal ein in die Nähe und Verbundenheit mit unserem geliebten Menschen und erfahren Mystisches. Es ist schade, wenn wir diese Gelegenheit nicht nutzen.

Ich bin auch davon überzeugt, dass der Verstorbene alles mitbekommt, vor allem das Gesagte. Wissenschaftlich ist bewiesen, dass sich unser Gehör in der embryonalen Entwicklung als erstes bildet und als letztes abschaltet. Die Tibeter, die auf eine lange Tradition des Umgangs mit dem Tod zurückblicken, lesen ihren Verstorbenen noch 49 Tage danach aus dem tibetischen

Totenbuch vor. Diese Texte sollen eine Art Reiseorientierung sein, eine Art Hilfe, damit der Verstorbene sich daran erinnert, was seine wirkliche Essenz ist.

Auch wenn man sich näher mit Nahtoderlebnissen beschäftigt, wird einem immer wieder berichtet, dass Menschen ihre Körper verlassen und die Geschehnisse als eine Art Beobachter von oben wahrnehmen. Dabei berichten sie, alles zu hören, was gesagt wird. Ich vertrete die Überzeugung, dass man einem geliebten Menschen auch in diesem Moment noch wichtige Dinge sagen kann, wenn das im Vorfeld nicht möglich war.

Viele Menschen scheuen davor zurück, Verstorbene noch einmal anzuschauen. Oft höre ich den Satz, „Ich möchte ihn so in Erinnerung behalten, wie er gelebt hat". Allerdings sind die letzten Erinnerungen an einen von einer schweren Krankheit gezeichneten Menschen nicht unbedingt die schönsten. Diese Eindrücke stehen in keinem Verhältnis zu der Schönheit, die sich nach dem Versterben entfaltet. Die meisten Menschen sehen entspannt aus, ihre Falten lösen sich auf wundersame Weise auf, so dass sie um viele Jahre jünger aussehen.

Ja, es ist wirklich oft ein Wunder. Lassen Sie diese Gelegenheit nicht davonziehen. Und wenn Sie eine schöne Erfahrung wie Frau Huber gemacht haben, dann ermutigen Sie Menschen, die Angst davor haben, sich diesem Anblick langsam zu nähern, um das Besondere zu fühlen. Das stärkt uns gleichzeitig, sich mit unserer eigenen Sterblichkeit auseinanderzusetzen.

Wenn ich Verstorbene sehe, denke ich oft: „Wenn uns nach dem Tod etwas Schlimmes erwarten sollte, würde dieser Mensch doch nicht mit einem solch entspannten Ausdruck dort liegen." Bei diesen Erfahrungen beziehe ich mich auf Menschen, die friedlich in ihrem Bett verstorben sind. Menschen, die einen Unfalltod erlitten haben oder

Opfer eines Gewaltverbrechens waren, können durchaus einen anderen Ausdruck haben. Wenn jemand schwer zugerichtet ist, empfehle ich den Angehörigen nicht, den Verstorbenen noch einmal zu sehen. Denn dann besteht tatsächlich die Gefahr, dass man die letzten Bilder nicht mehr aus dem Kopf bekommt und von ihnen verfolgt wird. In diesem Fall bedarf es einer guten und kompetenten Trauerbegleitung, um diese Bilder überschreiben zu können. Falls Sie sich nicht sicher sind, wie der Verstorbene aussieht, fragen Sie diejenigen, die sie herrichten und gesehen haben: Bestatter, Polizei, Arzt oder auch die Pflegekräfte. Wenn Sie deren Meinung eingeholt haben, entscheiden Sie sich, ob Sie den Toten noch einmal sehen wollen.

Frau Holles Apfelgarten
Ein Märchen aus Lothringen

Es geschah einmal, dass im Garten der schönen Frau Holle die Apfelbäume nicht mehr gediehen. Nun lebte aber unten auf der Erde eine alte Frau und deren Apfelbäume standen im Frühling in herrlicher Blüte, und wenn der Herbst kam, senkten sich die Äste voll reifer Äpfel. Da sprach die schöne Frau Holle zu ihrem Liebsten, dem Junker Tod: „Reite hinab zur Erde und hole mir die Alte herauf. Sie hat nun lange genug auf der Erde gelebt, und es wird Zeit, dass sie zu uns zurückkehrt."

Und so ritt der Junker Tod hinab zu der Erde, klopfte bei der Alten und sprach zu ihr: „Du hast nun so lange auf der Erde gelebt, und meine Liebste, die schöne Frau Holle, will Dich bei sich haben, denn in ihrem Garten gedeihen die Apfelbäume nicht mehr. Deshalb soll ich dich abholen, dass du sie dort pflegst."

Nun hatte die Alte aber überhaupt keine Lust, die Erde jetzt schon zu verlassen, und sie sprach zum Tod: „Dann habe ich jetzt auch noch eine Bitte: Lass uns noch einmal Karten spielen. Weißt Du, ich habe am Kartenspiel immer eine Freude gehabt. Und wir machen es so: Gewinne ich, dann musst Du mich hier lassen, gewinnst Du, darfst du mich mitnehmen." Der Tod war einverstanden und dachte, dass er die Alte im Kartenspiel leicht besiegen könne. Er wusste aber nicht, dass das Haus der Alten an einer Heerstraße lag, und die Alte immer mit den Landsknechten Karten gespielt hatte. Sie kannte alle Kniffe. Die Alte mischte die Karten und gewann. Der Junker Tod runzelte die Stirn und sprach: „Lass uns noch einmal spielen." Dieses Mal mischte er die Karten. Aber siehe, wieder gewann die Alte, und der Junker Tod sprach: „Jetzt lasst uns noch einmal spielen!" Die Alte erwiderte: „Gut, aber mehr als drei Spiele werden nicht gespielt. Das ist immer der Brauch. Über die Zahl drei gehen wir nicht hinweg." Also spielten sie das dritte Spiel. Wiederum gewann die Alte, und sie sprach zum Junker Tod: „Geh nur allein hinauf, was gehen mich die Apfelbäume Deiner Liebsten an, mir gefällt es noch in meinem Garten und hier auf der Erde."

So ritt der Junker Tod traurig hinauf in den Garten der schönen Frau Holle. Als er nun allein kam, da zürnte diese mit ihm und sprach: „Du darfst so lange mein Lager nicht mehr mit mir teilen, bis du mir die Alte heraufgebracht hast." Nun kamen die zwölf Heiligen Nächte, und der Junker Tod wusste, dass in diesen Nächten jedem die Türe geöffnet werden musste und sei es auch der größte Feind. Und so setzte er sich nun auf sein Pferd und ritt wieder hinab zu der Alten und pochte an ihre Tür. Die Alte öffnete. Sie war jedoch nicht sehr erfreut, als sie den Tod schon wieder sah, aber was wollte sie machen? Es waren die zwölf Nächte, und da musste ja jedem die Türe geöffnet werden. Der Junker Tod sprach: „In diesen zwölf Nächten hat jeder einen Wunsch frei, und so habe ich nun den Wunsch, setze dich hinter mich auf mein Pferd, reite mit mir bis zu der Gartenpforte meiner Liebsten und schau hinein. Und ich verspreche Dir, wenn Du nicht dort bleiben willst, werde ich dich wieder zurückbringen.“ Die Alte sprach: „Gut, ich kann Dir diesen Wunsch nicht abschlagen, aber Du musst es mir jetzt auch schwören, und Du weißt, ein Schwur, ein Eid in den zwölf Nächten ist zwölffach wert.“ Und der Junker Tod, der schwor, dass er sie wieder zurück zur Erde bringen werde, wenn es ihr nicht gefalle.

Die Alte setzte sich nun hinter den Tod aufs Pferd, und sie ritten hinauf in den Paradiesgarten. Dort öffnete der Tod das Tor einen Spalt und sprach: „Schau einmal hinein.“ Die Alte schaute durchs Tor, und da sah sie die schöne Holle, und die hatte eine Krone auf aus lauter Sternen und war umgeben von lauter schönen jungen Mädchen. Aber die Apfelbäume, die sahen kläglich aus. Da fragte der Junker Tod die Alte: „Wie gefällt Dir denn der Garten, wie gefällt Dir meine Liebste?.“

„Ja, sie gefällt mir schon, aber siehst Du, sie ist umgeben von lauter jungen Frauen, und schau doch mal an, wie alt und runzelig ich bin.“ Da sprach der Tod zu ihr: „Ja, weißt Du denn nicht, wenn Dich meine Liebste berührt, dann wirst Du auch wieder jung und schön.“ „Ja“, zürnte da die Alte, „weshalb sagst Du mir denn das nicht gleich und lässt mich noch dreimal mit dir Karten spielen.“ Und sie sprang hinein durch das Tor, die schöne Holle berührte sie, und da war die Alte wieder jung und schön geworden. Dann aber machte sie sich an die Pflege der Apfelbäume, und seither gedeihen die Apfelbäume im Garten der Holle immer wunderbar.

Christine ist eine Freundin meiner Mutter. Sie ist eine lebenslustige, kluge Frau, immer für Späße zu haben. Früher organisierte sie Karnevalsveranstaltungen und

Nikolausfeste in ihrem kleinen Dorf. Als Schneiderin war sie bekannt für ihre Nähkünste und war als Frau des Bürgermeisters immer mitten im Geschehen. Bis sie dann mit etwa Ende 30 eine psychische Erkrankung einholte. Danach wurde sie nie wieder so stark und unbeschwert wie zuvor. Sie litt unter Verwirrungen im Geist, Wahnvorstellungen und zog sich immer mehr von der Außenwelt zurück. Ich habe sie ein paar Jahre vor ihrem Tod kennengelernt und ein wenig betreut. Ihr Sohn kümmerte sich überwiegend um sie, kaufte ein und versorgte Haus und Garten. Fast 40 Jahre verließ Christine nicht mehr ihr Haus. Mittlerweile, mit fast 81 Jahren, hatte Rheuma ihre Knochen stark verändert, so dass sie kaum noch laufen und greifen konnte. Und dennoch, sie hielt an ihrem Entschluss fest, keine organisierte Hilfe in Anspruch nehmen zu wollen. „Ach, das brauche ich alles nicht", sagte sie. Auch einen Arztbesuch, um die starken Schmerzen in den Griff zu bekommen, lehnte sie kategorisch ab. Sie nahm mal dies, mal das freiverkäufliche Schmerzmittel nach ihrem Rhythmus, und es war nahezu unmöglich, sie eines Besseren zu belehren.

Mit der Zeit verschlimmerte sich Christines Zustand. Sie dachte sich alle möglichen Tricks zur Bewältigung ihres Alltags aus. Dinge, die auf den Boden fielen, wurden mit dem Stock hochgeholt. Neben dem Bett wurde ein Eimer für Urin benutzt. Sie brauchte viel Zeit, um von ihrem Schlafzimmer zu ihrer Küche zu kommen. Und dennoch, auf meine Frage während des Spülens, ob sie Angst vor dem Tod habe, antwortete sie, „Nee, nee, lass mal, ich möchte noch etwas leben." Und eisern, mit viel Disziplin, ohne je eine Klage auf den Lippen, hielt sie an ihrem sehr eingeschränkten Lebensstil fest.

Vor kurzem ist Christine gestorben. Nachdem sie – wie auch immer – ihre Küche aufgeräumt und sauber gemacht und ihre Nachbarin zum Kaffee eingeladen hatte, um mit ihr Frieden zu schließen, stürzte sie. Als sie gefunden wurde, brachte man sie ins Krankenhaus. Sie hatte keinerlei Verletzungen davongetragen, aber man entdeckte eine Entzündung in ihrem Körper, deren Herd nicht ausfindig gemacht werden konnte. Ihr Sterbeprozess ging so schnell, dass nicht einmal ihre Kinder Zeit hatten, sich von ihr zu verabschieden. Ganz friedlich hauchte sie ihr Leben aus.

Das Erstaunlichste war, dass sie sofort um mindestens 30 Jahre jünger aussah. Es war, als sei ein Schmetterling aus seiner Puppe befreit worden. Frei aus ihrem mentalen und physischen Gefängnis sah sie berührend, ja geradezu wunderschön aus.

Als ich sie sah, fiel mir sofort das Märchen von Frau Holles Garten ein. Wer weiß, wie lange Christine schon ihre Kartentricks ausgepackt hatte, ohne zu ahnen, wie viel Freiheit, Leichtigkeit und Frieden hinter dem Vorhang auf sie wartete.

Die Geschichte von Christine zeigt uns noch etwas Besonderes: Offensichtlich hatte sie eine Vorahnung. Sie räumte auf, lud ihre Nachbarin ein, um sich mit ihr zu versöhnen. Ihren Kindern sagte sie im Vorfeld, dass diese nun zusammenhalten sollten. Der Sturz war lediglich der Anlass, Abschied aus ihrem Leben zu nehmen. Selbstbestimmtheit war Christine immer das Höchste gewesen – und das hat sie bis zuletzt durchgezogen.

Auch hier kommt wieder meine Aufforderung an Sie, liebe Leserin und lieber Leser: Beobachten Sie sich und Ihr Leben. Immer verbunden mit der Frage, inwieweit es uns möglich ist, Einfluss auf unser Sterbedatum zu nehmen.

Lisa: „Die Mama hat sich auch getraut“ - oder: Wie Kinder Tod und Trauer bewältigen.

Frau Höller war über 80 Jahre alt. Sie war nicht lange bei uns. Sie starb recht plötzlich, was uns alle überraschte. Ihre Familie schaffte es nicht mehr, sich zu verabschieden. Ihre Liebsten kamen erst bei uns an, als wir Frau Höller bereits gewaschen und schön angezogen hatten. Abends kam die Enkelin mit ihrer Familie. Sie hatte ihre vierjährige Tochter Lisa dabei. Als die Enkelin ihre verstorbene Oma sah, brach sie in Tränen aus. Lisa wirkte verschreckt und klammerte sich an das Bein ihres Vaters. Nach einer Weile, als die Mutter sie beruhigt hatte, wagte sie sich vor und beobachtete die Oma.

Ich stand dabei und ermutigte Lisa, ihre Großmutter noch einmal von Nahem anzuschauen. Mutig kam sie zu mir und wir untersuchten zusammen die Oma. Wir fühlten, dass sie kalt war. Wir sahen, dass sie sich nicht mehr bewegte. Wir hörten gegenseitig unser Herz schlagen, aber nicht das der Oma. Und wir bemerkten das glückliche Lächeln auf dem Antlitz der Oma.

Lisa stellte viele Fragen. Es war, als wenn sie das Sterben durchdringen wollte. Sie wollte es begreifen – im wahrsten Sinne des Wortes. „Mama, schau mal, fühl Du doch auch mal“, forderte sie ihre Mutter auf. Doch die hatte Angst und weigerte sich. Nach einer Weile ließ ich die Familie mit der Verstorbenen allein. Später kam mir Lisa auf dem Flur entgegen. „Die Mama hat sich jetzt auch getraut, Oma anzufassen“, berichtete sie mir stolz. Sie hatte etwas gelernt. In diesem Moment war von Traurigkeit nicht mehr viel zu spüren.

Oft höre ich von Eltern die Aussage, dass sie ihre Kinder nicht zu den Verstorbenen bringen wollen: „Sie sollen ihre Oma so in Erinnerung behalten, wie sie lebendig war.“ Dahinter steckt das Bedürfnis, unsere

Kinder vor Tod und Trauer schützen zu wollen. Wir möchten sie nicht damit konfrontieren, weil es in uns selbst Traurigkeit auslöst. Wir wollen unsere Kinder nicht traurig erleben.

Tod und Trauer gehört aber genauso zum Leben wie Freude und Lachen. Irgendwann werden auch unsere Kinder diese Seite erleben. Deshalb ist es wichtig, dass sie lernen, damit umzugehen. Sie werden Strategien entwickeln, wie sie mit ihrer Trauer umgehen können. Es ist gut und wichtig, wenn sie das frühzeitig lernen. Damit bilden sie Ressourcen, auf die sie später zurückgreifen können.

Ich kann Eltern nur immer wieder ermutigen: Nehmen Sie Ihre Kinder mit und versuchen Sie, ihnen auf alle ihre Fragen zu antworten. Wenn Sie keine Antwort wissen, sagen Sie das ehrlich. Auch das ist eine Antwort, die Kinder gut aufnehmen. Wenn Sie gefragt werden, wo die Oma jetzt eigentlich ist, dürfen Sie ruhig antworten, dass Sie es nicht genau wissen. Niemand weiß das genau, „aber für mich ist sie jetzt wie ein Schmetterling aus seiner Puppe geklettert. Sie ist frei und glücklich.“ Das nur ein Beispiel, Sie werden in dem Moment das Richtige spüren und das Richtige sagen.

Je nach Alter des Kindes werden andere Fragen gestellt. Im Alter von vier bis sieben Jahren sind Kinder neugierig und haben eine entdeckende, ja man könnte sagen wissenschaftliche Haltung zum Tod. Lassen Sie sie begreifen, dass die Oma nicht mehr lebendig ist. Dass da nur noch ihre Hülle liegt. Es wird Ihre Kinder beruhigen, dass ihre Oma nicht lebendig beerdigt wird. Denn das kann in der Phantasie von Kindern eine gruselige Vorstellung sein, die sie in ihren Träumen verfolgt. Aber wenn sie die Möglichkeit erhalten, zu begreifen, dass das, was ihre Oma ausgemacht hat, nicht mehr in ihrem Körper steckt, dann sind sie beruhigt.

Da Kinder in diesem Alter meistens noch kein Zeitgefühl haben, können sie die Endgültigkeit des Verlustes nicht ermessen. Andererseits haben sie aber oft noch diese Gewissheit in sich, dass der Tod gar nicht so schlimm ist.

Sie werden erleben, dass Schulkinder den Tod schon mehr realisieren und sich an der Trauer der Erwachsenen orientieren. Dennoch ist es auch für sie wichtig, mit einbezogen zu werden, sie am natürlichen Prozess der Vergänglichkeit teilhaben zu lassen. Denn sonst findet ein Bruch statt. Gestern war Oma noch auf den Beinen und hat sich selbst versorgt und heute wird sie beerdigt. Da fehlt etwas in der Ereigniskette, was in den Kindern viele unbeantwortete Fragen aufwirft.

Auf Seminaren habe ich immer wieder Teilnehmer erlebt, die in ihrer frühen Kindheit Todesfälle erlitten hatten. Die, die von der Verabschiedung ferngehalten wurden, schilderten die Ereignisse am traumatischsten. Sie fühlten Unsicherheit, fühlten sich ausgeschlossen und hatten in ihrer Phantasie zum Teil angstvolle Vorstellungen. Ersparen Sie Ihren Kindern das. Verstorbene sehen im Allgemeinen friedlich aus, in den meisten Fällen sogar wesentlich entspannter und schöner, als sie vor dem Tod ausgesehen haben.

Herr Falz: So bleibt man Meister seines Lebens

Die Frau von Herrn Falz ist gestorben. Er hat sie liebevoll begleitet. Es war eine intensive Zeit, die er mit ihr und mit uns im Hospiz verbracht hat. Vielleicht ist das auch der Grund, warum er uns einige Tage später besucht, um uns die Todesanzeige seiner Frau zu zeigen. Wir freuen uns immer, wenn wir Besuch von Angehörigen bekommen, deren Liebste bei uns ihre letzten Tage erlebt haben. Wir nehmen uns dann Zeit,um hinzuhören, wie sie allein zurechtkommen. So wie jetzt bei Herrn Falz. Beim Abschied sagt er zu uns: „Bleibt tapfer!“ Ich antworte ihm: „Das gilt eher für Sie.” Er stimmt mir zu: „Es wird bestimmt traurig und spannend.“

Wie schön, dass Herr Falz die vor ihm liegende Zeit so sehen kann. Traurig und spannend. Mit dieser Haltung verschließt er sich nicht. Im Gegenteil, er öffnet sich für die Erfahrung des Trauerns und des allein Zurechtkommens. Wie wird es sein, ohne seine Frau im Haus zu leben? Wie werden seine Tage aussehen? Wohin werden seine Interessen gehen? Wird sich sein Freundeskreis verändern? Wie fühlt sich Trauern an? Er ist offen und gespannt. Er verschließt sich nicht der Tatsache, dass es traurig werden wird. Dass Veränderungen anstehen. Gleichzeitig lädt er Neues in sein Leben ein. Denn das Leben wird für ihn weitergehen.

Diese Offenheit in Krisenzeiten beizubehalten nenne ich Lebenskunst. Wie schnell passiert es, dass wir uns in eine Opferhaltung begeben? Als Opfer sind wir handlungsunfähig. Wir empfinden alles als ungerecht und bemitleiden uns. Leider macht eine solche Haltung das Leben für uns unerträglich. Wie wäre es, wenn wir uns die Einstellung von Herrn Falz zum Vorbild nehmen? Dann akzeptieren wir das, was uns das Leben gerade abverlangt. Wir nehmen das Leben so wie es ist.

Oft wissen wir nicht, was der Sinn hinter allem ist. Aber wenn wir offen und gespannt bleiben, schwimmen wir mit der Welle und nicht gegen den Strom, was viel Kraft spart. Wir öffnen uns und vertrauen darauf, dass wir irgendwann den Sinn hinter all dem erkennen werden. Vor allem aber bleiben wir die Akteure und Meister unseres Lebens. Diese Haltung können wir jetzt schon üben. Tag für Tag. Als Königsdisziplin…

Seltsame Phänomene

Monikas Mutter war zu Hause gestorben. Sie war eine selbstbewusste, liebevolle Frau. Ihre zwei Töchter trauerten um ihren Verlust. Das Haus schien ohne sie leer zu sein. Oft wird einem erst beim Fühlen dieser Leere bewusst, wie viel Raum der Verstorbene mit seiner Energie und seiner Präsenz ausgefüllt hat. Einige Tage nach der Beerdigung betrat Monika erneut ihr Elternhaus. Kaum war sie im Eingang, roch sie ganz stark das Parfüm ihrer Mutter. „Jetzt hat Lisa sich schon ihr Parfüm unter den Nagel gerissen und benutzt es bereits", dachte Monika, die ihre Schwester verdächtigte: „Das ist ja die Höhe." Doch so war es nicht. Keiner hatte das Parfüm angerührt. Dennoch konnten Monika und Lisa den Duft eindeutig riechen. Das tröstete die Schwestern, weil sie das Gefühl hatten, ihre Mutter lebe weiter und gebe ihnen ein Zeichen.

Herr Siel hatte zwei Jahre zuvor seinen 19-jährigen Sohn bei einem Unfall verloren. Im ersten Jahr ohne ihn waren seine Frau und er untröstlich. Am ersten Todestag, der fast gleichzeitig auf den Geburtstag des Sohnes fiel, erinnerten sich die Eltern an eine Gasflasche, um Luftballons zu füllen, die sie für seinen Geburtstag im Jahr zuvor gekauft hatten. Sie entschieden sich, zwei Ballons mit Postkarten an ihn loszuschicken, und baten darauf um ein Zeichen, ob es ihm gut ginge.

Die Familie wohnt mitten in der Eifel, normalerweise herrscht dort immer eine bestimmte Windrichtung vor. Einige Tage später, nachdem die Ballons losgeschickt worden waren, bekam Herr Siel einen Anruf von seinem Vater, der einige Dörfer weiter wohnte. Der Vater berichtete, er habe einen Ballon in seinem Garten gefunden. Normalerweise hätte der Ballon dort jedoch aufgrund der Windrichtung gar nicht landen dürfen.

Zufall? Den zweiten Ballon fanden Herr und Frau Siel bei einem Spaziergang an einer Kapelle.

So kamen beide Ballons wieder an ihre Adressaten zurück. Wer weiß, wie groß die Eifel ist, kann sich meiner Überzeugung anschließen, dass es sich hier um ein seltsames Phänomen handelt. Für mich war es ein eindeutiges Zeichen des Sohnes.

In der Geschichte von Evelyn und mir erzählte ich Ihnen von einer tiefen Freundschaft und Verbundenheit, die sich in ihrer letzten Lebensphase zwischen uns auftat. Evelyn schrieb mir zum Abschied eine Karte, in der sie mit den Worten schloss: „Für immer und ewig – irgendwann – irgendwo – ich bin bei Dir.“ Manchmal denke ich an diesen Satz und glaube, dass sie bei mir ist, wenn ich Unterstützung brauche.

Neulich verschwand unsere Katze spurlos. Normalerweise entfernt sie sich nicht von unserem Haus und Hof. Es war untypisch, dass sie sich zwei Tage lang nicht blicken ließ. Ich machte mir Sorgen, suchte in der Nachbarschaft und bat, in Kellern und Schuppen nachzuschauen. Niemand hatte Auri gesehen. Ich suchte mein Haus vom Dachboden bis zum Keller ab. Als ich keinen Rat mehr wusste, bat ich Evelyn um Hilfe. „Schick mir bitte eine Idee, wo Auri sein könnte.“ Zwei Minuten später durchfuhr es mich wie ein Blitz. „Schau doch mal im Kleiderschrank nach.“ Ich öffnete die Tür und mir kam eine verschlafene, zerknitterte Katze entgegen. Ich war überglücklich. Nicht nur, dass es unserer Katze gut ging, sondern auch über das Zeichen von Evelyn.

Ein anderes Beispiel ist das von Nicole. Sie arbeitet als Sterbeamme, Trauerbegleiterin und Bestatterin. Eines Tages sollte sie eine Abschiedsfeier halten. Sie wählte in ihrer Rede das Gleichnis des Schmetterlings und übertrug es auf unser Sterben und Werden. Die Feier fand in der Halle des Beerdigungsunternehmens statt. In dem

Moment, in dem Nicole anfing zu reden, flatterte ein Schmetterling durch das geöffnete Fenster und setzte sich auf den Sarg. Und blieb dort die ganze Zeit. Als der Sarg zum Grab getragen wurde, flatterte der Schmetterling um ihn herum. Wenn das kein Zeichen war ...

Und noch zwei weitere erstaunliche Anekdoten: Petras Eltern saßen im Wohnzimmer und spielten Karten, als plötzlich die Scheiben der Wohnzimmerlampe barsten und viele kleine Splitter auf ihre Köpfe fielen. Kurze Zeit später erfuhren sie, dass genau zu diesem Zeitpunkt ein ganz alter Freund verstorben war.

Nach 60 Jahren Ehe starb Annis Mann. Als die Beerdigung vorüber war, saß sie am nächsten Tag in ihrem Sessel und dachte über sich und das Leben nach. Da schlug plötzlich die alte Standuhr, die seit Jahren schon defekt war, zur vollen Stunde. Wäre Annis Putzfrau nicht zufällig mit im Raum gewesen und hätte das Ereignis miterlebt, hätte Anni wahrscheinlich geglaubt, das alles nur geträumt zu haben. Für sie war es ganz eindeutig ein Zeichen ihres Mannes.

Warum erzähle ich Ihnen, liebe Leserin und lieber Leser, diese Geschichten? Sie können diese Geschehnisse als Spinnerei oder Zufall abtun. Dennoch sind es Ereignisse, die sich wirklich zugetragen haben. Fragen Sie Menschen, besonders Trauernde, viele von ihnen können Ihnen solch wundersame Geschichten erzählen. Für mich zeigen sie, dass es mehr gibt zwischen Himmel und Erde, als wir uns vorstellen können.

Haben Sie schon einmal darüber nachgedacht, wohin Düfte und Töne entschwinden? Natürlich kann ich nicht wissen, was uns nach unserem Sterben erwartet. Aber ich versuche mit einem offenen, forschenden Geist zu beobachten und daraus meine Rückschlüsse zu ziehen.

Wenn mir Dinge begegnen, die mit logischem Verstand

nicht erklärbar sind, hat das für mich etwas Bezauberndes. Es lässt mich staunen, wie vielfältig unser Leben ist. Selbst dann noch, wenn es bereits vorüber ist.

Noch ein seltsames Phänomen

Die Mutter meines Freundes ist gestorben. Er trauert um sie. Ihr Tod ist jetzt genau sechs Wochen her. Wir sind unterwegs, mein Freund sucht sein Handy. Ich solle ihn doch bitte mal anrufen, sagt er zu mir. Ich schaue der Einfachheit halber in die Anrufliste. Dort sind meine zurückliegenden Anrufe verzeichnet, natürlich auch die an ihn. Sein Name ist jedoch nicht mehr zu finden. Stattdessen ist unter seiner Nummer jetzt der Name seiner Mutter verzeichnet. Seine Mutter, die ich niemals mit diesem Handy angerufen habe.

Wie kann so etwas sein? Für mich, das ist meine Überzeugung, hat die Mutter meines Freundes auf diesem Wege ein Zeichen hinterlassen. Zumindest ist es wieder ein seltsames Phänomen, das mir zeigt, dass es in unserem Leben mehr gibt als die Dinge, die sich rational erklären lassen.

Erfüllt sterben? Sterben als Reifungsprozess

Immer wieder mache ich die Beobachtung, dass Menschen, deren Leben rund und erfüllt war, leichter sterben. Eigentlich müsste es ja umgekehrt sein. Jemand, der ein freudvolles Leben hatte, müsste es doch ungleich schwerer fallen, sich davon zu trennen. Aber offensichtlich halten uns Dinge, die unvollendet oder nicht verarbeitet sind, davon ab, sich vom Leben zu lösen.

So haben wir Gäste, bei denen man merkt, dass sie noch Zeit brauchen, um einiges aus ihrem Leben aufzuarbeiten. Das kann Monate dauern oder sich auf wenige Tage bis

Stunden konzentrieren. Wir hatten Gäste, die in ihrem Sterbeprozess über eine lange Zeit hinweg stöhnten und redeten. Man hatte das Gefühl, dass Erlebnisse aus ihrem Leben wie Wellen über ihren Körper gingen. Dabei bekommt man den Eindruck von Geburtswehen, die der Vorbereitung auf den Übergang in das Unbekannte dienen. Wenn alles verarbeitet ist, kehrt plötzlich Ruhe ein und der Sterbende ist bereit, zu gehen.

Für die daneben sitzenden Angehörigen ist das eine sehr anstrengende und schwierige Zeit. Was ihnen in dieser Situation helfen kann, ist das Wissen, dass dieser Prozess dem Sterbenden zugutekommt. Im Schamanismus ist man der Auffassung, dass alles, was man im Irdischen aufgearbeitet hat, frei Macht, weil es in der anderen Welt viel schwieriger ist, die Dinge aus dem Hier und Jetzt umzuwandeln.

Was auch immer man glauben mag: Nach dieser Phase der Reifung kehrt offensichtlich großer Frieden ein, was für die Außenstehenden deutlich spürbar ist. Vermutlich leistet der Sterbende noch einmal eine große Arbeit, die ihn voll und ganz in Anspruch nimmt.

Was bedeutet ein erfülltes, gelebtes Leben für uns eigentlich? Sicherlich hat jeder darüber eine andere Vorstellung. Auch die Bedingungen dafür sind auf unserer Welt und in unserer Gesellschaft sehr unterschiedlich. Kann man zum Beispiel in einem Kriegsgebiet ein erfülltes Leben haben? Diese Frage vermag ich nicht zu beantworten.

Aber ich glaube, dass ein erfülltes Leben viel damit zu tun hat, ob es uns gelingt, unsere Zeit, die uns auf diesem Planeten vergönnt ist, authentisch, ehrlich, sinnerfüllt und bewusst zu leben. Es bedeutet auch, dass wir Leiden und Hinfallen als eine Chance zum Lernen annehmen. Dass wir Kritik als Aufforderung annehmen, neue Lösungen zu suchen, anstatt das Gefühl zu bekommen, wir hätten versagt. Dass wir versuchen, dem Leben, anderen Menschen und uns selbst gegenüber nicht mit so großen Erwartungen gegenüberzutreten. Und dass wir damit beginnen, uns selbst anzunehmen und zu lieben.

Auf dem Sterbebett zählt eigentlich nur noch die Liebe, die wir gelebt haben. Selbst wenn uns das mit der Liebe im Leben eher schlecht als recht gelungen ist, kann es durchaus sein, dass wir in den letzten Wochen unseres Lebens doch noch zu ihr gelangen. Das ist zumindest meine Beobachtung. Ich finde das sehr tröstlich und möchte Ihnen das gerne nahebringen.

Zulassen statt Loslassen

In der Sterbebegleitung ist „Loslassen" ein geflügeltes Wort. Loslassen ist meiner Meinung nach eines der schwierigsten Dinge in unserem Leben. Loslassen heißt sich trennen von Dingen und Menschen, die wir lieben, von Gewohnheiten, die uns Sicherheit geben, von Hoffnungen und Träumen, die uns beflügeln. Loslassen von dem, was unser Leben bis jetzt ausgemacht hat. „Du darfst jetzt loslassen", oder noch besser: „Du musst jetzt loslassen", höre ich immer wieder in den Sterbebegleitungen. Ist das wirklich möglich, willentlich loszulassen? Ich bezweifle das. Willentlich loszulassen bedeutet gleichzeitig an etwas festzuhalten, nämlich am Loslassen- Wollen oder -Müssen.

Im Grunde genommen widerspricht sich das. Das ist so, als würde ich mich anstrengen, nichts zu tun. Ich glaube, loslassen ist ein Prozess. Je mehr wir uns entspannen können, je mehr wir Dinge und Situationen zulassen, desto leichter geht das Loslassen. Es wird dann ganz von alleine kommen.

Ich sage bei Begleitungen oft: „Der Apfel wird fallen, wenn er reif ist". So ist das mit dem Sterben. Wir werden erst sterben, wenn wir reif dazu sind. Manchmal ist das von außen nicht ersichtlich, aber die Prozesse spielen sich in unserem Inneren ab, speziell in unserem Unterbewusstsein. Da wird die Arbeit geleistet und darauf können wir uns hundertprozentig verlassen.

Ich finde das Wort: „Zulassen“ viel treffender. Denn müssen wir tatsächlich unser gelebtes Leben im letzten Augenblick loslassen? Nein, ich glaube, wir können gehen gerade mit unseren Erfahrungen, mit unserem Gelernten, Gereiften. Das nehmen wir doch mit und lassen nichts hier. Von daher ist es doch eher ein Zulassen, ein Ja-Sagen zu einem Prozess.

Machen Sie einmal die folgende Erfahrung: Sie nehmen einen Stein in die Hand und lassen ihn los. Er fällt zu Boden und Sie müssen aufpassen, dass er nicht auf Ihre Füße fällt, was schmerzhaft wäre. Es gibt aber auch noch eine Alternative: Sie drehen Ihre Hand und öffnen Ihre Finger. Der Stein bleibt in Ihrer Hand liegen, obwohl Sie ihn nicht mehr festhalten.

Oft werde ich gefragt, wie man sich am besten auf ein gutes Sterben vorbereiten kann. Ich denke, dass wir das Zulassen üben können. Akzeptanz mit dem, was gerade der Augenblick hergibt. Auch wenn es nicht unseren Gedanken, Urteilen und Erwartungen entspricht. Es sind meistens nicht die Ereignisse, sondern unsere Gedanken und Beurteilungen, die uns das Leben schwer machen. Die meisten Dinge im Leben sind wie sie sind. Unsere Bewertungen erzeugen Unfrieden und Ängste. Sie zu beobachten, zu werten und zu überprüfen ist eine Übungssache.

Am Anfang ist das herausfordernd, denn wir sind in unseren Urteilen und Vorurteilen verhaftet. Wir müssen lernen, eine Beobachterposition einzunehmen. Fragen, ob der Gedanke wirklich wahr ist. Grundsätzlich wissen wir ja immer, was für uns das Beste ist. Das unterscheidet sich allerdings oft von dem, was das Leben für uns bereithält. Können wir so viel Vertrauen in unser Leben aufbauen, dass wir daran glauben, dass es uns stets das Beste gibt? Auch wenn es unseren Erwartungen nicht entspricht?

Solange man in einer Krise steckt, ist es schwierig, so zu denken und zu handeln, weil wir nicht überblicken können, was dabei für uns herauskommt. Mit dem nötigen Abstand wird uns auch nach einer schwierigen Zeit klar, welche Geschenke sie uns gebracht hat. So kann eine Krankheit in unserem Leben einen radikalen Umbruch bringen und uns zu dem führen, was wir wirklich möchten.

Eine Trauererfahrung kann uns das Vermögen bringen, echte Empathie empfinden zu können. Eine schwierige Kindheit kann uns dahin führen, dass wir sie aufarbeiten und uns klarer über unsere eigenen Strukturen und Verhaltensmuster werden. Wenn wir Geschenke gefunden haben, ändert sich unsere Sichtweise auf unser Leben. Statt Verbitterung empfinden wir Dankbarkeit und Frieden. Auch das gehört zur Akzeptanz.

Wenn wir uns bei jedem Hadern mit den Gegebenheiten voller Vertrauen der Frage zuwenden würden: „Wer weiß, wofür das jetzt gut ist“, dann macht uns das offen für jeden Augenblick. Das bedeutet Zulassen und bald merken wir, wie uns der Strom des Lebens trägt und sich die Anstrengungen unseres ständigen Bemühens auflösen. Wer das in seinem Leben geübt hat, der wird zum einen ein erfüllteres Leben haben und zum anderen gut auf sein eigenes Sterben vorbereitet sein.

Gedanken über meinen Tod

„Der Tod lächelt uns alle an. Das Einzige, was man machen kann, ist zurücklächeln."

Marcus Aurelius

Ich wache mitten in der Nacht auf. Langsam steigen Gedanken in mir hoch. Gedanken an meinen eigenen Tod. Wie wäre es, wenn ich jetzt sterben müsste? Da schleicht sich eine Angst ein. Angst vor meiner eigenen Auslöschung. In dieser Form wird es mich dann nicht mehr geben. Es kommt auch ein Bedauern hoch, ein Abschiedsschmerz, mich von geliebten Menschen und Dingen verabschieden zu müssen. Und von all meinen Ideen, was ich noch alles machen wollte.

Und dann ist da auf einmal Zweifel. Wenn es doch nicht so ist wie ich meine, es beobachtet zu haben? Kein Weiterleben in irgendeiner Form? Zumindest als pure Energie? Dann ist es doch zumindest wie Schlafen. Das merke ich auch nicht bewusst und vor allem fühle ich, dass sämtliche Sorgen, Gedanken und Ängste verschwunden sind. Als Alternative auch nicht schlecht, obwohl es der persönlichen Sinngebung meines Lebens widerspräche.

Wieder einmal kommt dieses beklemmende Gefühl der Unausweichlichkeit in mir hoch. Das Gefühl des Nichtwissens. Das ist etwas, was ich gar nicht mag. Das nimmt mir das bisschen Kontrolle, dass ich über mich und mein Leben zu haben glaube. Mir wird klar, dass wir unter dem Strich über gar nichts eine Kontrolle haben. Zumindest nicht bewusst.

Mir kommt auf einmal eine Idee: Wie wäre es, wenn ich die Gedanken über meinen Tod verändere? Ihn nicht mehr als etwas Schreckliches, Auflösendes, Vernichtendes sehe, sondern als einen Freund oder eine Freundin? Als jemanden, der mich in mein wahres Zuhause geleitet. Jemand, der mir dabei hilft, endlich zu verstehen, was es mit dem Leben hier auf sich hat. Diese Art zu Denken gefällt mir.

Das Thema Tod und Sterben hat mich, seit ich ein Kind war, stets fasziniert. Mein Forscherdrang in diesem Metier ist bis heute kaum zu bändigen. In mir ist der Drang, dieses Geheimnis zu ergründen. Ist es möglich, dass ich nach meinem Tod endlich all die Geheimnisse erfahre, nach denen ich zu Lebzeiten vergeblich suche?

Wie fühlt es sich an, aus dem verdichteten Zustand entweichen zu dürfen? In Meditationen und Ritualen durfte ich schon diverse Male Zustände des puren Seins, der puren Energie erfahren. Das war für mich ein unfassbar schöner Zustand. Das hatte etwas von Vollkommenheit und Hingabe.

Ich habe mir vorgenommen, alle Gedanken zum Thema Tod, die sich als nicht förderlich erweisen, kritisch zu hinterfragen. Und sie dann in etwas Positives umzuwandeln. Ganz bewusst. Im Laufe der Zeit merke ich, wie sich meine Einstellung ändert: Ich werde neugierig, gespannt. So wie Roswitha auf ihrem Sterbebett, über die ich an anderer Stelle in diesem Buch berichte.

Wenn es wirklich so sein sollte, wie Claudia Cardinal es in ihrer saloppen Art einmal formuliert hat, ist die Aussicht gar nicht so übel. Sie hat sinngemäß formuliert: Wenn der Orgasmus der kleine Tod ist, was passiert uns dann eigentlich beim großen Tod? Ich finde: Dann kann doch eigentlich nichts mehr schiefgehen.

Was ist eigentlich eine Sterbeamme?

Für viele Dinge im Leben beauftragen wir Fachleute. Doch warum lassen wir uns eigentlich auf unserem letzten Weg nicht fachkundig begleiten? Diese Frage stellt sich immer wieder, sie ist gar nicht so leicht zu beantworten. Schon am Namen „Sterbeamme" scheiden sich die Geister. Manche finden diesen Terminus treffend, andere gruselt er. Zudem weckt der Begriff Assoziationen zu einer Amme, und auch das löst zwiespältige Gefühle aus.

Ich denke, es handelt sich um einen Begriff mit erhöhtem Erklärungsbedarf. Ich übernehme das gerne, denn dahinter steckt etwas Großes, das bis dato leider kaum bekannt ist: Die Sterbeamme ist das Pendant zur Hebamme. Wir können den Sterbeprozess problemlos mit einem Geburtsprozess gleichsetzen: Ein Neugeborenes kommt in etwas Neues und weiß nicht, was es erwartet. Weiter gefasst kann man auch die Frage stellen: Woher kommt das neue Leben? Oder auch, wenn wir von einer spirituellen Ebene ausgehen: Aus welcher Dimension kommt ein neues Leben? Analog dazu verhält es sich mit dem Sterben. Wir gehen in eine Dimension, die wir nicht kennen. Auch an diesem Punkt wissen wir nicht, was uns erwartet.

Es gibt aber noch weitere Parallelen: Sowohl bei der Geburt als auch beim Sterben müssen wir unsere Kontrolle abgeben. Jede Frau, die ein Kind geboren hat weiß, dass sie an einem bestimmten Punkt die Kontrolle abgibt. Dann übernimmt etwas anderes die Regie. Der Geburtsprozess läuft ab, komme was wolle. Exakt genauso ist es auch beim Sterben: Wenn die Phase des Haderns und der Angst durchgearbeitet ist, läuft das Sterben friedlich ab. Ganz von allein. Ab diesem Moment benötigen mehr die Angehörigen eine Begleitung als die Sterbenden.

In der Geburtshilfe haben wir die Phase der

Geburtsvorbereitung, die Geburt und die Nachsorge. Alles bestenfalls an der Seite einer Hebamme, einer kompetenten Fachfrau, die uns Orientierung und Wissen zur Verfügung stellt. Auch beim Sterben gibt es Fachleute, die sich kümmern: Ärzte erkennen die Symptome und stellen den Patienten ein. Kranken- und Altenpfleger garantieren, dass der Körper gepflegt ist und der Mensch darüber hinaus versorgt wird. Zeit und Geld, um über das körperliche Wohlbefinden hinauszuschauen, ist in unserem Gesundheitssystem leider in den meisten Fällen nicht vorhanden. Allenfalls in Hospizen und Palliativstationen wird dafür Sorge getragen, dass auch die Ängste und Sorgen der Beteiligten in Betracht gezogen werden.

Sterbeammen und -gefährten sind genau die Fachleute, die dafür ausgebildet sind, sich mit diesen Sorgen und Ängsten zu beschäftigen. Sie wissen um die Nöte, um Panik und die brennende Fragen, die in Krisen entstehen. Und zwar bei allen Beteiligten. Sie haben ein Handwerkszeug an die Hand bekommen, um Dinge, die uns im Wege stehen, aufzulösen. Sie geben Orientierung, Halt und Sicherheit. Gerade in Situationen, die nicht alltäglich sind, ist es immens wichtig, vermittelt zu bekommen, was einen erwartet. In solchen Momenten reicht kein Medikament. Da ist geistiges Futter gefragt, um all die Begleitmonster in den Griff zu bekommen, die den Tod begleiten.

Sterbeammen und -gefährten werden im Idealfall direkt zum Zeitpunkt einer schweren Diagnose oder einer Krise hinzugezogen. An diesem Punkt ist noch viel möglich. Zu schauen, an welchem Punkt für den Betroffenen der Sinn des Lebens abhandengekommen ist. Ihn neu zu finden, so dass ein Mensch zurück ins Leben gelockt wird. Ihm dabei ein ganzes Dorf von Unterstützern an die Seite zu stellen. Denn in Gemeinschaft werden Krisen besser gemeistert als allein. Auch die Orientierung der begleitenden

Menschen ist immens wichtig, weil viele gar nicht weiter wissen und ratlos sind, wie sie sich am besten verhalten sollen. Auch beim Bemühen, Räume zum Trauern und zur Orientierung zu schaffen, können Fachleute wertvolle Dienste leisten.

Spätestens dann, wenn ein Mensch angesichts einer schweren Diagnose mit dem Rücken zur Wand steht, muss er sich damit beschäftigen, über den letzten Atemzug hinauszudenken. Auch dafür sind Sterbeammen da. Es geht darum, gemeinsam Lösungen zu finden, damit aus der Krise für alle Beteiligten etwas Heilsames herauskommt, das für Frieden sorgt.

Es muss nicht immer der Weg in den Tod sein. Eine gute Sterbeamme ist auch gleichzeitig eine gute Lebensamme, die Menschen dabei hilft, wieder neuen Mut zu fassen, zu einem neuen Leben zu finden. Die Ausbildung zur Sterbeamme geht über zwei Jahre. Sie wird unter anderem von Claudia Cardinal angeboten, die ihre über viele Jahre gesammelten Werkzeuge weitergibt. Weiteres zu ihrer Person finden Sie im Interview mit ihr in diesem Buch.

Claudia Cardinal im Interview

Claudia, kannst Du uns bitte erzählen, wie Du dazu gekommen bist, das Berufsbild „Sterbeamme“ zu erfinden.

Das war ein langer Prozess. Ich habe mich – wie viele andere auch – mit zwölf oder dreizehn Jahren mit der Frage nach dem Sinn des Lebens beschäftigt. Was das Leben eigentlich soll. Ich habe darauf in der Gesellschaft keine Antwort bekommen, bin bockig geworden und habe mich mit 20 von der Gesellschaft zurückgezogen. Mit 30 kam meine Lebenskatastrophe, die mich zurück zur gleichen Frage brachte: Was soll das hier eigentlich alles? Durch den Tod meiner Tochter war mir der Sinn des Lebens abhandengekommen. Ich habe wirklich in mir die Frage bewegt, ob ein Suizid nicht konsequent sei, wenn alles keinen Sinn ergibt. Im Grunde war das ein langer Weg: Angefangen hat es mit zwölf, mit 31 holte mich die dieselbe Frage wieder ein.

Wie ging es weiter?

Ich machte eine Ausbildung zur Heilpraktikerin und stellte schnell fest, dass die Leute mit ähnlichen Zusammenhängen zu mir kamen: Mit ungelöstem Abschied, mit nicht friedlichem Tod. Die Erkenntnis kam wie auf dem Präsentierteller zu mir: Wenn ich den Abschied nicht in Frieden bringe, brauche ich mit Tröpfchen gar nicht erst anzufangen. Wenn das nicht vollbracht ist, hilft kein Medikament.

So kamst Du zur Sterbebegleitung?

Genau. Ich habe zehn Jahre in diesem Bereich gearbeitet, bis ich 2001 dachte, was friedliches Sterben und friedlichen Abschied angeht, genügend Werkzeuge gesammelt zu haben, um sie weitergeben zu können. Ich gründete die erste Gruppe in Hamburg und schrieb mein erstes Buch. Mittlerweile ist mein siebtes Buch erschienen, und es gibt neun Fortbildungsstandorte in Deutschland. Zudem gibt es inzwischen rund 600 fertige oder in Ausbildung befindliche Sterbeammen und Sterbegefährten. Leider nur ganz wenige Männer, nur etwa zehn Prozent. Es gibt einen Stamm von zehn bis zwölf Personen, die mich bei meiner Arbeit unterstützen.

Was ist Deiner Erfahrung nach das größte Leid in Bezug auf unser Sterben?

Das größte Leid, das ich erlebe, ist die Unabwendbarkeit, die man ahnt und um die man weiß. Man kann sich nicht darauf vorbereiten, wie das in der Praxis ist. Wenn ein Leben vorbei ist, dann ist das eine Endgültigkeit, die einem unheimlich schwer zu schaffen macht. Dass es aus und vorbei ist, dass ein Mensch nie wieder als Erwin Müller oder Tante Else da sein kann. Das Sterben selbst ist meist nicht das Problem, sondern die Begleitmonster, die uns Geschichten von einer Zukunft erzählen, die Horror sind.

Hört sich schrecklich an.

Ich benenne vier Monster, die der Sensenmann im Schlepptau hat: Sorge, Furcht, Angst und Panik. Das ist das Problem beim Sterben – so ähnlich wie bei Geburten, wenn wir zum ersten Mal schwanger sind und nur Horrorgeschichten hören. Beim Tod ist es genau das Gleiche. Deshalb ist es mir ein großes Anliegen, in jeder Fortbildung wahre Geschichten vom friedlichen Tod zu sammeln. Nicht aus der Literatur, das ist mir zu abstrakt.

Das klingt wie ein Auftrag.

Diese Horrorgeschichten, die erzählt werden, bleiben haften. Wir haben eine Hollywood-Vorstellung davon, dass Sterben mit Schreien und furchtbaren Situationen verbunden ist. Wenn du Sterbende begleitest, bist du voll und ganz dabei, das bekommt dann eine Natürlichkeit, eine Selbstverständlichkeit. Es ist etwas Großes, was da passiert. Mein Bestreben ist es, dazu beizutragen, dass sich analog zu einer Geburtsheilkunde eine Sterbeheilkunde entwickelt. Wie geht das in Frieden? Da reichen Medikamente nicht.

Wie kann man sich am besten darauf vorbereiten, möglichst leicht und friedlich zu sterben? Oder anders gefragt: Kann man sich darauf überhaupt vorbereiten?

Das Erste, was man machen sollte, ist Streit zu begraben. Oder anders ausgedrückt: Wer länger leben will, soll sich immer schön streiten. Denn das ist ein Hindernis. Die Weisheit, der Schlaf sei der kleine Bruder des Todes, stimmt durchaus. Was mich vom Schlafen abhält, sind Sorgen, die ich mir mache, und Konflikte. Genau das hält die Menschen auch vom Sterben ab. Das ist die eine Sache.

Und die Zweite?

Mit der zweiten Sache ist es ähnlich wie bei einer Geburtsvorbereitung: Es gibt den Moment, da muss man die Kontrolle aufgeben. Da übernimmt die Natur, der Tod, das Leben oder auch eine göttliche Dimension – wie auch immer wir das bezeichnen wollen – die Regie. Wir haben allerdings das Problem, dass wir in unserer Gesellschaft sehr kontrolliert sind und meinen, wir müssten alles kontrollieren. Doch in diesem Moment können wir das nicht mehr. Weder bei der Geburt noch beim Sterben. Das heißt: Wir brauchen ein Stück Hingabe – egal, wie schwer es wird.

Kann man es üben, die Kontrolle abzugeben?

Sicherlich. Ich habe das zum Beispiel bei meinem dritten Kind als Geburtsvorbereitung gemacht. Wenn ich mich angestrengt habe, habe ich in dem Moment, wo ich dachte, ich kann nicht mehr, ganz bewusst weitergemacht. Das war ein fantastisches Training: Als es bei der Geburt richtig losging, wo andere nur noch „nein, nein, nein" rausbringen, konnte ich bewusst „ja" sagen. Ich habe wirklich schöne Tode erlebt, wo das auch funktionierte.

Das musst Du erklären.

Indem ich mit Menschen an dieser Form der Hingabe arbeite. Wenn du es hinbekommst, zu etwas „ja" zu sagen, das unabänderlich ist. Ich beschreibe das manchmal profan mit dem Satz: „Wenn grün ist, gib Gas. Volle Kraft voraus." Vielleicht muss man Held oder Heldin werden, um zu sagen: „Gut, dann wollen wir mal." Aufbruchstimmung. Ich habe die Erfahrung gemacht, dass nach der Erlösung von Sorge und Furcht ein friedlicher Tod kommt.

Diese Erfahrung mache ich besonders bei Menschen mit religiösem Hintergrund. Die haben oft weniger Angst.

Stimmt, die haben oft weniger Panik. Ich kenne aber auch religiöse Menschen, bei denen ist die Sorge um das Danach größer. Vor allem dann, wenn sie mit Gott hadern. Ein geistiges Weltbild reicht nicht immer aus. Wenn jemand das Bild der Hölle in sich trägt, kann sich das auch belastend auswirken. Und dieses Bild haben wir in fast jeder Religion. Also ob du das Karma nennst, das Gesetz von Ursache und Wirkung, oder ob es sich im Buddhismus um eine Darstellung der Hölle handelt oder vom Fegefeuer oder dem altägyptischen Todesgericht: So etwas ist fast in jeder Kultur vorhanden. Du hast die Rechnung zu begleichen und für das, was du getan und nicht getan hast geradezustehen. Das ist uralt, davon können wir uns nicht lossprechen.

Wir werden dazu erzogen, zur Rechenschaft gezogen zu werden, wenn wir etwas falsch gemacht haben. Obwohl wir es als Kind oft gar nicht absichtlich getan haben.

Deswegen waren die Altägypter für mich klüger: Sie haben gesagt, alles was ein Mensch unter zehn Jahren tut, zählt für das Gericht nicht. Das finde ich einen netten Gedanken. Das finden wir heute im Jugendstrafrecht, wo junge Menschen einen Bonus haben.

Die Palliativmedizin ist in den letzten Jahren spürbar aufgewertet worden. Wo siehst Du noch Schwachstellen in unserer Gesellschaft?

Erst einmal bin ich unheimlich froh, dass dieser Bereich aufgewertet wurde, weil die Angst vor Schmerzen und die tatsächlichen Schmerzen für die Betroffenen und ihre Angehörigen oft sehr schwer auszuhalten sind. Ich sehe das Problem eher in der Tabuisierung des Todes. In dem Moment, in dem sich die Ohnmacht ausbreitet, haben unsere Gesellschaft und oft auch die Palliativmedizin keine Antwort. Ich schildere das mal an einem Beispiel.

Gerne.

Ich hatte neulich eine Begleitung, bei der sämtliche

Medizin ausgeschöpft war. Der Person wurde gesagt, die Palliativmedizin sei nun der richtige Ort. Auf die Frage, warum, wurde geantwortet, dass dort das Essen besser sei. Es dauerte nicht lange, da kamen Verwandte – darunter auch Ärzte – und sagten: „Lass mal den Kopf nicht hängen, da gibt es noch andere Bestrahlungen". Ich habe mir unheimlich viele Gedanken gemacht, was das bedeutet, den Kopf hängen zu lassen. Meiner Ansicht nach ist das größte Problem, dass unsere Gesellschaft und teilweise auch die Palliativmedizin keine Antworten haben, wenn sich Ohnmacht ausbreitet. Genau da beginnt die Aufgabe mit einem Menschen über den letzten Atemzug hinauszudenken. Das ist eine Form von Geburtsvorbereitung.

So etwas müsste doch immer und für jeden stattfinden. Denn mich kann es doch auch jederzeit erwischen.

Da hast Du vollkommen Recht. Ich sage immer: Die Erde ist kein selbstverwaltetes Projekt, sondern ein selbstverwaltetes Hospiz. Weil alle, die darauf herumlaufen, austherapiert und sterblich sind. Das kann in dem ein oder anderen Fall durch eine OP oder eine Chemo verlängert werden, aber letztendlich sind wir alle austherapiert.

Klingt hart, ist aber so.

Ich sehe da noch ein Problem: Solange die Medizin noch da ist, da heißt es, mach dies, mach das und alle quatschen rein. Aber ab dem Moment, wo nichts mehr geht, sind wir auf einmal alle nett. Das ist doch völlig absurd. Insofern bin ich eine Visionärin, weil ich sage:

„Menschenskinder, wie wäre es denn, wenn wir mit allen so umgehen, als wenn sie austherapiert wären. Unsere Welt würde anders aussehen."

Interview mit dem Palliativmediziner Dr. Thomas Sitte

Was sind die größten Ängste und Sorgen, die Ihnen begegnen?

Dass Menschen mehr leiden als nötig, dass sie ihre Würde verlieren und anderen zur Last fallen. Das sind drei verschiedene Ängste, aber sie gehören zueinander. Vor allen Dingen, die Situation nicht mehr im Griff zu haben und mehr zu leiden, als man ertragen kann. Das ist das Hauptproblem.

Welche Möglichkeiten haben Sie, diesen Sorgen zu begegnen und sie aufzulösen?

Erst einmal versuche ich, zu verstehen, was konkret hinter den Ängsten steckt. Denn was vordergründig vorgetragen wird, ist nicht immer das eigentliche Problem. Man kann leicht sagen, dass in Deutschland niemand mehr leiden muss, als er ertragen will. Das gilt nicht immer und überall gleichermaßen, aber wenn man sich als Patient darum bemüht, kann man die Voraussetzungen dafür schaffen. Es ist nicht immer so, dass jeder das bekommt, was er möchte, und sicherlich läuft viel schief. Viele Dinge werden nicht gemacht, aber wenn Dinge nicht passieren, heißt das nicht, dass sie nicht möglich sind.

Könnten Sie Menschen, die Angst haben elendig zu sterben, garantieren, dass sie das nicht müssen?

Ja, das kann man garantieren. Nicht, indem man sagt, wir behandeln Sie rund um die Uhr. Auch nicht, indem man jemandem, der seinem Leben ein Ende setzen möchte, sagt, wie das geht. Aber wir können eine Garantie geben, dass wir helfen, wenn es nicht mehr geht. Dass Sie schlafen oder auch, dass Sie schnell sterben. Das hat auf den ersten Blick nichts mit Tötung auf Verlangen oder Mitleidstötung zu tun.

Sie sprechen eine palliative Sedierung an?

Ja. In extremen Einzelfällen mag es auch darüber hinaus nötig sein, dass ein Mensch für einen anderen etwas tut, was in Deutschland strafrechtlich nicht erlaubt ist. Auch das ist möglich, man muss es dann allerdings verantworten. Das sind allerdings Dinge, die für mich noch nicht nötig wurden. Ich habe aber immer gesagt, dass ich, wenn es absolut nötig ist, auch beistehe.

Das hängt auch vom Palliativmediziner ab, den man vor sich hat.

Ja, das hängt immer vom jeweiligen Arzt ab. Das ist wie bei einer Geburt oder bei vielen anderen Dingen, bei denen man nicht garantieren kann, dass alles reibungslos abläuft. Egal, welche Regeln Sie schaffen.

Allgemeine Symptome wie Schmerz, Übelkeit, Erbrechen und Schwäche sind normalerweise in den Griff zu bekommen?

Nein. Das hat alles mit Sterben zu tun. Also gerade wenn Sie Übelkeit nennen und vor allem Schwäche. Wenn man stirbt und schwächer wird, ist das mit Medikamenten nicht aufzuhalten. Jemand, der topfit und quietschvergnügt ist, umfällt und tot ist – das funktioniert einfach nicht. Man muss Schwäche akzeptieren. Und wenn man sie nicht akzeptieren will, hat jeder Mensch das Recht, das nicht mehr mitzubekommen und zu schlafen. Ich hatte vor einigen Tagen zwei Gespräche mit Patienten zu diesem Thema: Schwäche, Hinfälligkeit und Abhängigkeit nicht akzeptieren zu wollen. Das gibt es in der Praxis durchaus.

Aber Schmerzen bekommt man doch in den Griff?

Ich bin Anästhesist. Wenn Sie schon einmal operiert wurden, haben Sie mitbekommen, dass Sie nichts mitbekommen haben. Aber es gibt durchaus auch Menschen, die sind bei einer Operation aus Versehen wach, ohne dass jemand es merkt. Sie können sich nicht rühren und haben das volle Schmerzgefühl. Da ist dann ein Fehler gemacht worden, so etwas sollte nicht vorkommen. Aber wenn man alles richtig macht, dann hat man keine Schmerzen, das kann man wirklich ausschließen. Wobei ein Schmerzpatient seinen Alltag weitgehend verschläft. Das läuft dann auf eine palliative Sedierung heraus.

Eine gute palliative Versorgung kann lebensverlängernd sein. Im Gegensatz zu einer kurativen Therapie auf Biegen und Brechen. Ist das auch Ihre Erfahrung?

Absolut. Vor allem wenn ich rechtzeitig gerufen werde,

so meine Erfahrung, leben Patienten eher länger als kürzer. Leider werden ich oder meine Kollegen oft zu spät gerufen. Dann wird es schwierig. Wenn die Lebensenergie aufgebraucht ist und der Patient nicht mehr will. Dann kann ich ihn nur noch leidfrei machen. Ein Beispiel, das ich mein Lebtag nicht vergessen werde: Ein 79-Jähriger kam nach einer Maximalversorgung im Krankenhaus in meine Versorgung und hatte zunehmende, nicht ertragbare Schmerzen. Innerhalb von zehn Minuten hatte ich ihn schmerzfrei. Das klingt unwahrscheinlich, war aber genau so. Ich gab ihm Fentanyl Nasenspray in einer ausreichenden Dosis, was schnell wirkt. Und wie hat er reagiert nach drei Wochen Maximalversorgung und Schmerzen? Er war erschüttert: Warum hat das keiner vorher gemacht? Warum musste das so lange dauern? Als er zu mir kam, wollte er von mir die Todesspritze haben, nach zehn Minuten war er, noch nicht einmal invasiv, schmerzfrei. Er war stinksauer und wollte nichts mehr. Gar nichts. Die Ehefrau und seine zwei Kindern sagten, so sei er, wenn er nicht mehr wolle. Das müssen wir akzeptieren. Es gab einen Riesen-Stress bei uns im Team, da er eigentlich gar nicht sterbend war. Er hatte zwar eine Krebserkrankung, aber nicht so, dass er daran stirbt. Er hatte nur Schmerzen. Er hat dann alles verweigert, Essen, Trinken, außer einer angemessenen Schmerztherapie. Er verweigerte jedes Gespräch, nach einigen Tagen war er tot.

Aus diesem Ärger heraus?

Aus seinem Lebensüberdruss heraus. Er hat gesehen, wie schlecht es oft in der Praxis läuft, und das wollte er kein zweites Mal erleben.

Das ist ein tragischer Fall.

Bei Atemnot ist es oft noch schlimmer. Wenn Sie richtig Atemnot haben, sterben sie daran. Wenn man die Atemnot behandelt, lebt man länger. Dennoch sagen sich die Leute, dass sie so etwas kein zweites Mal erleben wollen. Wenn jemand lange unter Atemnot und Erstickungsangst gelitten hat, ist das in der Regel noch schwieriger aufzufangen als bei Schmerzen.

Also ist das ein gravierender Punkt, sich früh genug in eine palliative Versorgung zu begeben.

Ja, das ist der Knackpunkt. Am besten so früh, wie es geht.

Viele denken, sobald sie palliativ hören, dass sie dann sofort sterben. Genau wie Menschen, die ins Hospiz kommen.

Ich bin jetzt 62 Jahre alt und verschreibe seit 40 Jahren Opioide und andere Betäubungsmittel. Vor 30, 40 Jahren war es Standard, zu sagen: „So weit ist es schon mit Ihnen?“ Oder: „Müssen Sie dieses Gift jetzt schon nehmen? Die machen doch süchtig.“ Selbst Apotheker haben gewarnt, wenn Patienten oder deren Angehörige mit dem Betäubungsmittelrezept kamen. Das war grauenhaft.

Was müsste gesellschaftlich passieren, um Menschen ihre Ängste vor dem Sterben zu nehmen oder sie zumindest zu reduzieren?

Es müssten mehr Menschen gute Erfahrungen sammeln und weitergeben. Oder aus schlechten Erfahrungen Konsequenzen ziehen. Wünschenswert wären bundesweite

Kampagnen um aufzuklären und eine Haltungsänderung zu erzielen. Zudem müsste dieser Bereich mehr in die Ausbildung integriert werden. Noch wichtiger wäre einfache Werbung. Die kann ruhig platt und emotional und muss auch nicht immer politisch und fachlich vollkommen korrekt sein. Sie muss so einfach sein, dass sie jeder versteht.

Wie kann man sich auf sein eigenes Sterben vorbereiten?

Üben. Sterben kann man üben. Sich damit auseinandersetzen. Sich überlegen, was will ich eigentlich, was ist mir wichtig. Übungen machen, in denen man lernt abzugeben. Zum Beispiel fünf Dinge, die einem wichtig sind, auf Karten schreiben. Und dann geht es darum, eine Karte abzugeben. Danach gibt man die Zweite und Dritte ab. Dann bleiben noch zwei übrig. Jetzt wird es gemein: Ihr Nachbar darf eine von ihnen ziehen. Das ist richtig emotional. Man hat die Entscheidung, aber wenn es hart auf hart kommt, gibt es keine Entscheidungsmöglichkeit mehr. Dann wird für einen entschieden. Da wird dann gestorben. Wir haben nicht die Möglichkeit, das Sterben zu umgehen. Aber wir können das schon mal üben.

Was kann man noch tun?

Wenn Sie in Ihrem Umfeld den Sterbenden und den Hinterbliebenen nicht aus dem Weg gehen, lernen sie viel für Ihr eigenes Sterben. Ein alter Bekannter von mir sitzt im Pflegeheim seit zwei Wochen am Sterbebett seines Vaters. Er wurde gerufen, dass sein Vater im Sterben liegt, jetzt stirbt er eben nicht so schnell. Er hat mir geschrieben, dass nicht viel passiert, bis auf den Umstand, dass der

Vater immer weniger wird. Ich habe ihm geantwortet, das sei eine wichtige Erfahrung für ihn. Er hat das Glück, bereits in Rente zu sein und sich das zeitlich leisten zu können. Wenn Sie noch im Beruf stecken, müssen Sie sich die Zeit dafür frei schaufeln. Das kostet viel Kraft.

Können Sie den Menschen noch mehr mitgeben?

Wichtig für das eigene Sterben ist, sich ein Umfeld zu schaffen. Das vergessen die meisten. Sie leben für ihre Lust, ihre Freizeit und für den Augenblick. Wer sich kein Umfeld schafft, ist am Ende allein. Jeder stirbt für sich allein, aber die Zeit vorher, die ist wichtig. Da bekommen Sie das zurück, was Sie vorher gegeben haben. Und das ist oft verdammt wenig. Dafür bin ich als Arzt allerdings nicht zuständig, Versäumnisse am Schluss zu kompensieren.

Das geschieht zum Teil im Hospiz?

Ja, da geschieht das mit einem riesigen finanziellen Aufwand, der für alle Deutschen nicht zu leisten ist. Das ist Sterben erster Klasse und wird sozusagen verlost. Nach Warteliste. Das ist hochgradig ungerecht, bedeutet für den Einzelnen jedoch ein großes Glück.

Thomas Sitte ist Palliativmediziner und Autor zahlreicher Bücher zur Palliativmedizin und Demenz. Er gehört zu den acht Gründerstiftern, die 2010 die in Fulda ansässige Deutsche Palliativ Stiftung ins Leben riefen, um sich für die Verbesserung der Hospizarbeit und der Palliativversorgung für schwerkranke und sterbende Menschen in Deutschland einzusetzen.

Leitfaden - oder eine mögliche Vorbereitung auf ein erfülltes Leben und einen friedvollen Abschied

Nach all den ermutigenden Geschichten, in denen uns Menschen gezeigt haben, dass es entgegen der allgemeinen Vorstellung von schrecklichen Toden auch friedlich und sanft geht, bleibt für uns die Frage: Wie können wir selbst dahin kommen, zu sterben, ohne zu leiden? Was konnten wir von diesen Menschen lernen und was noch hinzufügen? Dazu möchte ich Ihnen, liebe Leserin, lieber Leser, einen kleinen Leitfaden mitgeben. Er hat nicht den Anspruch, vollständig zu sein oder in allen Punkten zu Ihnen zu passen. Es ist schon viel getan, sich langsam an das Thema Sterben und Vergänglichkeit heranzutasten.

Mit der Zeit werden Sie sehen, wie sehr sich Ihr Leben verändern kann. Indem wir uns Wissen aneignen, sind wir besser vorbereitet und gleichzeitig handlungsfähiger. Indem wir uns unserer eigenen Vergänglichkeit stellen, gewinnt unser Leben an Wert und Qualität. Wir können immer mehr das Gefühl bekommen, verantwortlich für unser Leben zu werden, indem wir es bewusster gestalten. Wir werden mit der Zeit präsenter und leben jeden Augenblick intensiver. Dankbarkeit wird zu einer Grundhaltung und wird uns das Gefühl von Fülle geben. Dazu bedarf es manchmal nur einiger weniger Änderungen Ihrer Haltung.

Fangen wir also an:

1. Überprüfen Sie Ihre Gedanken

Es sind nicht die Ereignisse, die uns leiden lassen, sondern wie wir sie empfinden. Das bedeutet, dass es unsere Geschichten sind, die wir uns zu diesen Ereignissen erzählen. Diese sind meist geprägt durch Glaubenssätze, die wiederum aus gemachten Erfahrungen entstanden sind. Oft sind es im Unterbewusstsein gespeicherte Informationen, die unsere Gefühle zu den entsprechenden Ereignissen hervorrufen. Haben Sie ein Ihnen nicht förderliches Gefühl, versuchen Sie, den vorher gegangenen Gedanken dazu zu identifizieren. Danach prüfen Sie den Wahrheitsgehalt dieses Gedankens. Gehen Sie ihm auf den Grund. Dazu gibt es eine sehr gute Methode namens „The Work“ von Byron Katie (www.thework.de)

2. Eröffnen Sie sich neue Blickwinkel

Ändern Sie Ihre Blickwinkel! Alle Dinge haben mindestens zwei und mehr Seiten. Oft sehen wir sie durch unsere Gewohnheitsbrille und beurteilen sie danach. Wir machen es uns einfacher und unser Leben bunter, wenn wir uns öffnen und andere Sichtweisen zulassen. Dazu gibt es die schon von mir erwähnte Übung, an einem hässlichen Ort oder in einer schwierigen Situation etwas Schönes zu finden. Und wenn es nur eine kleine Sache ist. Das können wir auch rückblickend mit unseren durchlebten Krisen machen.

Welche Geschenke brachte uns die Krise? Hören Sie nicht auf zu suchen, ehe Sie nicht mindestens ein Geschenk gefunden haben. War es vielleicht Ihr Mitgefühl, das sich erweitert hat? Oder Ihre Kompetenz, mit schwierigen Situationen umzugehen? War es ein Auslöser, Ihr Leben zu überdenken und es vielleicht sogar radikal zu verändern? Sind Sie dadurch aufgewacht und merkten, was Sie wirklich wollen und was Sie auf keinen Fall möchten? Haben Sie gelernt, für Ihre Würde einzustehen? War es der Auslöser eines Weges nach Bewusstwerdung und Selbstfindung?

3. Ziehen Sie Bilanz

Nehmen Sie sich einmal etwas Zeit und ziehen Sie eine Bilanz Ihres gelebten Lebens. Erinnern Sie sich dabei an die einzelnen Stationen, die Sie durchlaufen haben. Welche waren schöne Phasen, welche schwierige? Wie haben Sie die Schwierigen bewältigt? Welche Strategien haben Sie angewandt und welche könnten Sie im Falle einer Krise reaktivieren? Wo haben Sie Unterstützung in Ihrem Leben empfangen? Welche Schlüsse haben Sie aus Ihrem bis jetzt gelebten Leben gezogen? Bei einem dieser Rückblicke ist es schön, sich bewusst zu werden, auf welch ein reiches Leben man schon zurückblicken kann. Wie viel man gelernt hat, und vor allem auf was man zurückgreifen kann, wenn wir mit schwierigen Situationen konfrontiert werden. Es fordert uns gleichzeitig auf uns zu hinterfragen, ob das, was wir gelebt haben, noch stimmig ist. Ist es das, was uns ausfüllt und begeistert? Finden wir uns wieder in dem, was wir tagtäglich machen? Könnten wir auf dem Sterbebett sagen, ja, dafür lohnte es sich zu leben? Das ist eine entscheidende Frage. Menschen, die sich in ihrem Leben begeistern konnten und diese Begeisterung auch mit Leben füllten, können besser sterben. Sie haben nicht das Gefühl, etwas verpasst zu haben, sondern empfinden eher, dass ihr Leben rund und angefüllt war.

4. Richten Sie Ihren Blick nach vorn

Im vorherigen Schritt haben wir den Blick zurückgerichtet und eine Lebensbilanz gezogen. Im nächsten Schritt richten wir den Blick nach vorn. Was möchten wir unbedingt noch erleben? Was sind unsere Herzenswünsche? Was möchte ich noch in die Welt bringen? Nehmen Sie sich ein wenig Zeit und träumen Sie groß. Schreiben Sie sich die Punkte auf eine Liste. Oder fertigen Sie sich eine Art Vision-Board an. Hängen Sie sich beides an Orte, an denen Sie häufig vorbeigehen, wo sie es lesen und verinnerlichen können. Gehen Sie in das Gefühl, als wenn Sie es schon getan und erlebt haben. Spüren Sie die Begeisterung und die Dankbarkeit. Bleiben Sie offen, welche Gelegenheiten Ihnen das Leben zuspielen wird. Sie werden staunen.

5. Wo ist in Ihrem Leben der Sinn?

Beschäftigen Sie sich in Ihrem Leben mit der Sinnfrage. Viktor Frankl, ein Psychologe, der im Konzentrationslager überlebte, hat festgestellt, dass es selbst unter inhumansten Bedingungen noch möglich ist, einen Sinn im Leben zu sehen. „Wer um einen Sinn seines Lebens weiß, dem verhilft dieses Bewusstsein mehr als alles andere dazu, äußere Schwierigkeiten und innere Beschwerden zu überwinden", sagt Frankl.

Das erlebe ich täglich mit Menschen, die oft ein herausforderndes Leben hatten. Wenn sie einen Sinn dahinter erkannten, waren sie im Einklang mit dem Erlebten. Blieb der Sinn aus, fingen sie an zu hadern. Die Sinngebung ist etwas ganz Individuelles. Jeder Mensch hat darüber eigene Vorstellungen. Auch hinter allem keinen Sinn zu erkennen, ist eine Haltung. Eine Einordnung und eine Erklärung, wie auch immer diese aussieht, der

Ereignisse unseres Lebens, ist offenbar für uns Menschen hilfreich und gibt Kraft für die Bewältigung. Und sie gibt uns Kraft, Energie und Begeisterung zu wecken, Visionen zu Taten werden zu lassen, um ein Stück zur Verbesserung der Welt beizutragen.

6. Wo Licht ist, ist auch Schatten

Unser Leben spielt sich in der Dualität ab. Es wird immer Berge und Täler geben, Höhen und Tiefen. Das ist eine Gesetzmäßigkeit. Ohne Dunkelheit würden wir kein Licht empfinden, ohne Böse kein Gut, ohne Ignoranz keine Liebe. Das zu akzeptieren und in diesen Bewegungen mitzugehen, bedeutet Lebenskunst.

Dazu kommt, dass wir als Menschen viele Seiten kennenlernen sollen oder dürfen. Das wird mir immer wieder bewusst, wenn ich unsere Gäste pflege. Die meisten haben sich in ihrem Leben um andere gekümmert. Nun sind sie in der Situation, in der sich jemand um sie kümmert. Es ist eine große Herausforderung, die Hilfe von anderen annehmen zu können. Es bedeutet auch Kontrolle abzugeben.

Andererseits kann man sich mit einer Veränderung des Blickwinkels auch einmal bedienen lassen. Jetzt fließt einem Gutes zu, wo man früher selbst Gutes gegeben hat.

Dabei muss ich an meine Tante denken. Vor einigen Monaten ist mein Onkel gestorben. Als ich sie neulich anrief und fragte, wie es ihr ginge, sagte sie: „Gut. Ich sitze herum, mache nichts und werde gut versorgt. Ich glaube, das ist der Ausgleich zu meinem früheren Leben, in dem ich ständig und viel zu tun hatte.“ Wie schön, dass so zu sehen anstatt zu klagen, was man alles nicht mehr kann.

7. Haben Sie nicht zu große Erwartungen

Nikos Kazantzakis, ein großer griechischer Schriftsteller, hat auf seinem Grabstein stehen: „Ich hoffe nichts, ich erwarte nichts, ich bin frei."

Was für eine Weisheit! Nichts zu erwarten ist eine Königsaufgabe. Das können wir, ja das müssen wir üben, denn unser Leben spielt sich ständig innerhalb von Erwartungen ab. Wir erwarten, dass unser Zug pünktlich kommt, dass unser Auto anspringt, dass unser Partner uns Aufmerksamkeit gibt. Wir erwarten, dass unsere Freunde sich melden, unsere Kinder zu Weihnachten kommen und dass unsere Politiker in unserem Sinne handeln. Auch Erwartungen sind Gedanken, die Gefühle produzieren. Denn werden sie nicht erfüllt, steigen Ärger, Wut und Enttäuschung in uns hoch. Oft mischt sich Angst dazu. Auf jeden Fall sind es keine förderlichen Gefühle.

Dabei ist es alles andere als selbstverständlich, dass unsere Erwartungen erfüllt werden. Wenn ja, können wir dankbar sein. Wenn nein, können wir unsere Erwartungen überprüfen und besser loslassen. Dann sind wir frei und offen, für das, was uns jeder einzelne Augenblick gibt. Wenn wir das dann noch mit der offenen Haltung, hinter allem, etwas Gutes zu finden, kombinieren, werden wir zu wahren Lebenskünstlern.

8. Empfinden Sie Dankbarkeit

Vor ein paar Jahren fiel mir das Buch „The Magic" von Rhonda Byrne in die Hände. In diesem Buch wurde man aufgefordert, 28 Tage lang Dankbarkeitsübungen zu machen. Ich ließ mich darauf ein und mein Leben änderte sich fulminant. Besser gesagt, mein Lebensgefühl veränderte sich und damit die Sicht der Dinge in meinem Leben. Mit Hilfe der Übungen wurde mir bewusst, wie viel ich in meinem Leben empfangen durfte und jede Minute empfange. Den Tag mit Dankbarkeit zu beginnen, heißt, dankbar zu sein, morgens aufzuwachen und eine neue Chance zu bekommen.

Wie gut tut es, allein aus dem Bett steigen zu können. Im warmen Bad wartet auf mich eine saubere Toilette und angenehmes Wasser aus dem Wasserhahn. Was für ein Gefühl, wenn der warme Strahl der Dusche meine Haut belebt und reinigt. Wie gut, sich saubere und passende Kleidung anzuziehen. Ich kann mir frischen Tee oder Kaffee zubereiten: Was für eine Wohltat. Sie sehen, wie es sein kann, wenn man seinen Tag bewusst mit Dankbarkeit beginnt und ihn fortsetzt. Es gibt einem das Gefühl der Fülle, des Beschenktseins. Das steht im Gegensatz zum Gefühl von Mangel, das wir in unserem Leben so oft empfinden. Nie genug zu haben, nie genug zu sein, dieses Gefühl macht uns blind für das, was wir in jedem Augenblick empfangen. Durch die Haltung von Dankbarkeit gewinnt unser Leben an Zauber und Magie.

Dankbarkeit kann man üben. Es ist wie ein Muskel, den man mit regelmäßigem Training aufbauen kann. Eine dankbare Sichtweise wird mehr und mehr zur Gewohnheit und bringt uns dazu, präsenter zu sein und den Augenblick wertzuschätzen. Das macht nicht nur unser Leben um ein vielfaches schöner und reicher, sondern hilft uns im Augenblick des Sterbens, uns einvernehmlich und friedlich zu verabschieden.

9. Übernehmen Sie die Verantwortung für Ihr Leben.

Wir wachsen in einem großen Wohlstand auf. Für alles gibt es Ämter, Firmen, Dienstleistungsbetriebe, Eltern, Lehrer, auf die wir die Verantwortung abwälzen. Lassen Sie mich das an einem Beispiel erklären: Vor allem im Gesundheitsbereich fällt mir immer wieder die Haltung kranker Menschen auf, die sich in ärztliche Behandlung begeben und sich dabei völlig aufgeben. Nach dem Motto: Ich bin krank, geben Sie mir eine Behandlung oder ein Medikament und machen Sie mich gesund. Die dazu gehörende Frage lautet: Wer bezahlt das?

Wie würde sich Ihre Handlungsfähigkeit ändern, wenn Sie Verantwortung über Ihre Krankheit übernehmen würden? Sie hätten die Chance zu schauen: Warum bin ich krank geworden? Sie könnten daraufhin überlegen: Was kann ich in meinem Leben verändern, damit es mir besser geht? Was tut mir wirklich gut? Ist es gesundes Essen, ein gesunder Lebensstil, wohltuende Beziehungen, ein erfüllender Beruf? Durch diese Fragen beginnen Sie, sich selbst mehr wertzuschätzen.

Sie schauen sich nach der besten Behandlung um und suchen den Arzt, der Ihnen wirklich guttut. Sie schauen sich um nach Fachleuten, die Sie unterstützen und stärken. Damit werden Sie zum Gestalter Ihres Lebens und geben Ihre Macht nicht in fremde Hände. Das hat Einfluss auf Ihre Bilanz am Ende Ihres Lebens. Haben Sie Ihr Leben gelebt oder das von anderen Menschen? Sich aufgegeben zu haben und sich permanent nach Vorstellungen anderer Menschen zu richten, kann einen bitteren Beigeschmack hinterlassen.

Wenn Sie am Ende Ihres Lebens stehen und sich dieser Tatsache bewusst werden, denken Sie daran: Wandlung kann bis zur letzten Lebenssekunde stattfinden und tatsächlich zu einem erfüllten Abschluss führen.

10. Lernen Sie, Geschenke anzunehmen

Wir sind mit einem Camper im Urlaub in Istrien. Als wir ankommen, sind alle Campingplätze geschlossen. Da man hier nicht einfach so campieren darf, ist guter Rat teuer. Wir haben Glück. Wir werden von einem

Einheimischen angesprochen, der uns zu sich einlädt. Er hat eine große Wiese, auf der wir stehen dürfen. Der direkte Nachbar lädt uns ein, seinen Pool und seine Ferienwohnung zum Spülen, Duschen und für die Toilette zu benutzen. Außerdem bekommen wir Mandarinen und Granatäpfel aus seinem Garten geschenkt. Wir wollen dafür bezahlen, aber das wird vehement abgelehnt. „Womit können wir Euch denn eine Freude bereiten?“, frage ich. „Wir haben doch Freude aneinander“, bekomme ich zur Antwort.

So setzt sich der Urlaub fort. Wir lernen immer wieder neue, nette Menschen kennen, die uns zum Essen einladen, Olivenöl schenken und Kräuter mit uns teilen. Der erste Impuls, etwas dafür zu geben, wird immer wieder abgelehnt. Es geht anscheinend in diesem Urlaub um das Empfangen. Es zuzulassen beschenkt zu werden, ohne Erwartung auf Gegenleistung. Ich merke, wie ungewohnt das ist. Normalerweise bin ich es, die gibt.

Ich erinnere mich an viele Situationen in meinem Arbeitsalltag, in denen meine Gäste lernen müssen zu empfangen. Sie sind krankheitsbedingt oft nicht mehr fähig, die uns selbstverständlichsten Tätigkeiten auszuführen. Sie müssen ihre intimsten Bereiche freilegen und sich versorgen lassen. Das fällt schwer, vor allem, weil in dieser Situation ein Muss dahinter steht. Empfangen ist in solchen Momenten schwieriger als Geben. Hat das mit unserem Selbstwert zu tun? Dem Wert, den wir uns selbst zugestehen? Empfangen und sich von Herzen darüber freuen, das können wir jetzt schon lernen und trainieren. Dazu sind Situationen wie die beschriebenen da. Empfangen ohne zu meinen, eine Gegenleistung erbringen zu müssen. Sich auf das zu konzentrieren, worauf es beim Schenken und Beschenkt werden ankommt: die Freude. Gleichzeitig gibt es da noch einen Gedanken: Das Leben ist nicht messbar. Das, was ich dem einen selbstlos gebe, bekomme ich vielleicht von einem anderen selbstlos geschenkt. Am Ende wiegt sich alles auf. Wir sind im Fluss des Lebens. Im Vertrauen, dass alles so gut ist, wie es geschieht.

11. Wenden Sie Ihren Blick nach innen

Vor ein paar Tagen kam zu uns ein neuer Gast. Er war betagt und in einem reduzierten Allgemeinzustand. Obwohl es mit seinem gesundheitlichen Zustand bergab ging, strahlte er Frieden und Glückseligkeit aus. Als ich ihn darauf ansprach, erzählte er mir, er habe in letzter Zeit einige Gotteserfahrungen machen dürfen. Das habe ihm die Angst genommen. Im weiteren Gespräch erfuhr ich, dass er seit langem meditierte und oft in die Stille ging. Er blieb etwa zwei Wochen bei uns, in denen er die totale Hingabe lebte. Er starb ohne Unruhe, ganz friedlich.

Eine Praxis der Meditation für sich zu entwickeln, ist sicherlich eine gute Vorbereitung, um loslassen zu können, wenn es an der Zeit ist. In der Meditation geht es darum, in den Beobachter zu gehen. Wenn wir das geübt haben, erfahren wir, wer wir wirklich sind. Die Identifikation mit unserem Körper, mit unseren Gefühlen und Gedanken hört auf. Dadurch werden wir frei.

Wenn Sie nichts mit Meditation anfangen können, wenden Sie Ihren Blick zumindest von Zeit zu Zeit nach innen. Oft sind wir den äußerlichen Dingen verhaftet. Wir ärgern uns über dies und das, wir sind wütend oder traurig, verlangen immer mehr von anderen. Wir leben vom Außen. Diese Bewegung ist schon mit unserer Geburt angelegt. Mit dem ersten Atemzug lernen wir, dass wir nur durch die Mutter überleben. Unser Leben hängt vom Außen ab.

Diese Illusion begleitet uns durch unser Leben und macht uns zu abhängigen Wesen. Das Erschütternde daran ist, dass wir später feststellen, dass uns niemand und nichts den Mangel in uns nehmen kann. Das können wir nur selbst. Das geht allerdings nur, wenn wir unseren Blick vom außen nach innen lenken. Sie finden alles in sich und werden frei von jeglichen Erwartungen und Beurteilungen anderer. Wenn Sie erkrankt und pflegebedürftig sind, wenn Ihr Körper nicht mehr so aussieht, wie er einmal aussah, ist es hilfreich, wenn Sie im Inneren wissen, dass Sie mehr sind als Ihr Körper. Wenn Ihre Gefühle Sie übermannen, dann ist es gut, zu wissen, dass es nur Gefühle sind.

Das Gleiche ist mit Ihren Gedanken. Diese Beobachterposition und das Wissen, viel mehr zu sein, muss man trainieren, und das am besten im Vorfeld. Denn wenn wir einer Extremsituation ausgesetzt sind, ist es schwierig, damit zu beginnen. Zudem wird es Ihr Leben auch ohne Krankheit bereichern und enorm erleichtern, da Sie die Geschehnisse Ihres Lebens mit mehr Gelassenheit nehmen können.

12. Beobachten Sie die Dinge von der Außensicht

Versuchen Sie, sich in Ihrem Leben mehr und mehr in die Beobachtung zu begeben. Ich denke dabei immer an einen Adler, der von oben auf die Welt schaut. Geben Sie das Urteilen auf – keiner kennt die einzige Wahrheit, denn jeder hat seine eigene Sicht auf die Dinge. Öffnen Sie sich für das, was Ihnen begegnet. Statt zu urteilen, hilft es mir, wenn ich den Begriff „interessant" benutze. Das verhindert, dass ich mich in nicht förderliche Emotionen verwickle. Stattdessen kann ich der Welt, dem Geschehen und meinem Gegenüber mit Neugierde und Offenheit begegnen.

13. Nehmen Sie Ihre Gegenüber vorbehaltlos wahr

Wir erleben öfters im Hospiz Gäste, von denen sich die Kinder losgesagt haben. Manchmal verhält es sich aber auch umgekehrt, dass ein Elternteil mit seinem Kind gebrochen hat. Für uns als Begleiter besteht die Gefahr, darüber vorschnell zu urteilen. Eine Kollegin wies mich neulich daraufhin und erzählte mir von ihrer schrecklichen Kindheit, die sie erleben musste. Dieser Hinweis war sehr hilfreich. In der Tat wissen wir als Außenstehende nie, was im Vorfeld im Familiensystem passiert ist. Gleichzeitig steht es uns nicht zu, darüber zu urteilen. Es ist nicht unser Leben, es sind nicht unsere Konflikte. Deshalb ist es für uns nicht wichtig Details zu hören. Wir nehmen jeden Gast so, wie er ist und mit dem, was er mit sich bringt. Damit bekommt er die Chance, in einem neuen Umfeld einen Neuanfang zu machen.

Besonders berührend ist es, wenn Obdachlose zu uns kommen. Manchmal hören wir, dass sie noch nie so gut und so würdig behandelt wurden wie an ihrem Lebensende. Das ist schön zu hören, wenngleich es auch schade ist, dass sie diese Erfahrung erst am Lebensende machen dürfen. Es wäre schön, wenn es uns zum Grundsatz würde, unseren Gegenüber so vorbehaltlos anzunehmen, als gäbe es keine Vergangenheit zwischen uns.

14. Beschäftigen Sie sich damit, was nach dem Tod kommt

Beschäftigen Sie sich im Vorfeld mit Vorstellungen, was nach dem Tod kommen wird. Es ist spannend, sich vielen Möglichkeiten zu öffnen, um sie kennenzulernen. Lesen Sie Nahtoderfahrungen. Das sind Berichte von Menschen, die schon einmal klinisch tot waren und wiederbelebt wurden. Sie sind spannend und weisen einige Gemeinsamkeiten auf. Pim van Lommel untersucht in seinem Buch „Endloses Bewusstsein“ wissenschaftlich, was es mit diesen Ereignissen auf sich hat. Er kommt zu dem Schluss, dass unser Bewusstsein nicht von unserem Gehirn abhängig ist. Das würde meine Beobachtung erklären, dass dementiell erkrankte Menschen, die sogar ihre engsten Familienmitglieder nicht mehr erkannten, kurz vor ihrem Tod wieder völlig klar wurden.

Es gibt Menschen, die medial mit Verstorbenen sprechen. Für Trauernde kann es tröstlich sein Kontakt zu einem geliebten Menschen aufzubauen, um eventuell noch offene Fragen oder Angelegenheiten zu klären.

Selbst wenn Sie glauben, dass nach dem Tod nichts mehr kommt, ist es meiner Meinung nach hilfreich, wenn Sie sich damit ernsthaft auseinandersetzen. Was heißt das für Sie als Konsequenz? Eigentlich nur, dass sie einen Zustand nach dem Tod erlangen, die dem Tiefschlaf oder dem Zustand vor unser Geburt ähnelt. Der fühlt sich friedlich und sorgenfrei an, so dass wir nichts zu befürchten haben.

Ich habe die Erfahrung gemacht, dass dieses Gebiet spannend ist. Es gibt mittlerweile viele Berichte und Bücher zu diesem Thema, die auch Sterbenden Mut geben können, sich dem Unbekannten anzuvertrauen und zu überlassen.

15. Thematisieren Sie das Thema Tod in der Gemeinschaft

„Let’s talk about death“. Das war das Motto einer Gruppe junger Menschen, die sich einmal im Monat in einem Brauhaus trafen, um sich über das Thema Tod auszutauschen. Ich halte das für eine hervorragende Idee. Viele gesellschaftliche Probleme, auch in unserem

Gesundheitssystem, basieren auf der Verdrängung unserer Vergänglichkeit. Es würde unser Leben um ein Vielfaches erleichtern, wenn wir zu einer Natürlichkeit und Selbstverständlichkeit im Umgang mit dem Tod zurückkehren würden. Das fängt bereits in der Kindheit an. Früher war es üblich, dass zu Hause im Kreise der Großfamilie gestorben wurde. Heute hat man das Sterben in Krankenhäuser, Pflegeheime und Hospize verbannt. Unsere Kinder versuchen wir vor dem Anblick von Sterbenden zu bewahren, anstatt mit ihnen offen über die vielen aufkommenden Fragen zu sprechen. Damit erziehen wir ihnen die natürlich mitgebrachte Offenheit und Selbstverständlichkeit ab und signalisieren ihnen, dass Tod und Sterben etwas Bedrohliches ist. Indem wir den Tod aus unserem Leben ausklammern, lernen unsere Kinder nicht, dass die Vergänglichkeit Teil unseres Lebens ist.

Es gibt so viel spannende Literatur, die das Thema Sterben und Tod von vielen Blickwinkeln aus beleuchtet. Hospize sind nach Anmeldung offen, sich diese Orte anzuschauen. Thematisieren Sie, was Sie über Ihre Sterblichkeit denken. Äußern Sie dazu Ihre intimsten Wünsche. Das wird Ihren Angehörigen helfen, Sie bestmöglich zu unterstützen, wenn es so weit ist.

16. Ordnen Sie Ihre Dinge, um vorbereitet zu sein

In diesem Rahmen kümmern Sie sich schon jetzt um Ihre Angelegenheiten. Ordnen Sie Ihre offenen Dinge und erstellen Sie ein Testament und eine Patientenverfügung, in der Sie mitteilen, was Ihr persönlicher Wille ist, falls es zu einem Notfall kommt. Ihr Umfeld wird es Ihnen tausendfach danken. Es gibt auch noch eine sogenannte spirituelle Patientenverfügung. Franco Rest hat sie entworfen; Sie finden sie als Vordruck im Internet. Spirituell soll in seinem Sinne heißen, dass sie sich von der Physis, also von unserem Körperlichen, abhebt. In dieser Patientenverfügung sind viele Fragen bezüglich Ihrer Werte zu finden. Sie sind aufgefordert, sich Gedanken zu machen, wie Sie sterben möchten. Wen möchten Sie unbedingt noch einmal sehen oder dabei haben, in welcher Umgebung möchten Sie sterben? Wie möchten Sie beerdigt werden? Möchten Sie eine Erd- oder Feuerbestattung? Stimmt Ihr Wunsch mit dem Ihrer nächsten Angehörigen überein? Manchmal ist es für Angehörige wichtig, einen besonderen Erinnerungsort zu haben, obwohl wir uns eher zum Beispiel vorstellen könnten, unsere Asche im Meer verstreut zu wissen. In diesem Falle ist es schön, wenn Sie einen gemeinsamen Konsens fänden, mit dem jeder gut leben kann.

Was ist Ihnen wichtig, was Sie hinterlassen möchten? Möchten Sie eventuell noch etwas Besonderes Ihren Kindern oder lieben Angehörigen gestalten? Zum Beispiel einen Brief, eine Sprachaufnahme, ein Koch- oder ein Erinnerungsbuch? Was möchten Sie wem noch sagen? Für all diese Fragen ist es gut, sich Zeit und Raum zu nehmen und sie wirken zu lassen. So bekommen Sie ein Gefühl, was für Sie vom Herzen her stimmt.

17. „Sterben üben“

Erinnern wir uns noch einmal an das, was Claudia Cardinal und Thomas Sitte im Interview zu meiner Frage gesagt haben, wie man sich am besten auf den eigenen Tod vorbereiten kann. Beide sagten: Wir können sterben üben. Wir können einen Vergleich zu einem Geburtsvorbereitungskurs ziehen, in dem über den Geburtsprozess informiert wird und verschiedene Techniken gezeigt werden, die die Geburt erleichtern sollen.

In diese Richtung zielt auch die Übung, die Frau Cardinal vorschlug: Und zwar bewusst ein wenig über seine Grenzen zu gehen. Wenn wir denken, es geht nicht mehr, mein Mut verlässt mich, bewusst die Entscheidung zu treffen, noch einen Schritt zu machen. Herr Sitte schlug das Spiel mit den fünf Karten vor, auf denen Dinge stehen, an denen wir hängen. Indem wir nach und nach diese Karten verlieren, machen wir Erfahrungen des Loslassens und gleichzeitig des Zulassens. Wir tauchen ein in das Gefühl des Verlustes unserer Kontrolle. Wenn wir uns bereits in unserem Leben im Vorfeld darum gekümmert haben, dem Kontrollverlust Vertrauen entgegenzustellen, sind wir nicht nur hinsichtlich unseres Sterbens gut aufgestellt.

18. Kümmern Sie sich um Ihr Umfeld

Kümmern Sie sich jetzt schon um ein Umfeld, das Sie unterstützt, wenn Sie Hilfe bedürfen. In unserer individuellen Gesellschaft leben wir oft isoliert, nach Lustprinzip, und machen uns keine Gedanken um Situationen, in denen es unabdingbar ist, jemanden an unserer Seite zu haben. Das Pflegepersonal schafft es heute nicht mehr, solche Situationen aufzufangen. Sterben muss jeder allein, aber die Krankheitsphase ist mit lieben Menschen, um Sie herum wesentlich leichter zu ertragen.

Neulich erzählte mir ein Gast, er habe sich direkt mit der Diagnosestellung auf den Weg gemacht und nach Unterstützung Ausschau gehalten. Er suchte Adressen vom SAPV (Spezielle Ambulante Palliative Versorgung), von ambulanten Hospizdiensten und stationären Hospizen in seiner Umgebung. Das habe ihm die Sicherheit gegeben, im Falle eines Falles nicht allein und hilflos zu sein. Dem kann ich nur beipflichten. Suchen Sie sich Fachleute, die Sie unterstützen und beraten. Beachten Sie dabei, dass Sie nicht nur Hilfe für Ihre physische Situation suchen, sondern schauen Sie auch nach seelischer

Unterstützung. Wenn wir eine Störung der Heizung haben, lassen wir doch auch einen Fachmann kommen. Ich weiß bis heute nicht, warum wir das nicht als selbstverständlich erachten, wenn es um uns selbst geht.

Wenn ich eine schwere Diagnose bekomme oder einen geliebten Menschen verliere, dann ist das keine Alltagssituation. Das sind existentiell bedrohliche Zustände, die uns aus der Bahn werfen können. Wie schlau ist es, sich eine fachkundige Person an seine Seite zu holen, die einen mit Klarheit, Unterstützung und Rat begleitet, die einen aus der Ohnmacht in die Handlungsfähigkeit führt. Bei der Geburt haben wir eine Hebamme und einen Arzt an unserer Seite. Beim Sterben nicht mehr, weil wir dieses Thema gesellschaftlich ausgeklammert haben. Sterbende überlassen wir anonym den Krankenhäusern und Pflegeheimen, in denen der Pflegenotstand so brisant ist, dass in den meisten Fällen eine Sterbebegleitung und die Begleitung Angehöriger nicht denkbar sind. Früher gab es Frauen, die sich um Sterbende gekümmert haben. Allgemein wurde der Tod ins Leben integriert und nicht von uns ferngehalten. Meine Vision ist, dass wir den Tod als etwas Spannendes mit in unser Leben einbeziehen und langsam unsere Angst davor abbauen. Nur so schaffen wir es, wirklich uns auf das Leben einzulassen. Fangen wir jetzt damit an, es ist niemals zu spät.

Danksagung

Mein Dank gilt zunächst einmal meinem Vater. Er hat mir das Geschenk gemacht, ihn in seinem Sterben begleiten zu dürfen. Er hat mir gezeigt, wie mutig, offen und kraftvoll man sich in das Ungewisse hineinfallen lassen und wie friedvoll das sein kann. So war das Erlebnis mit ihm der Ausgangspunkt, mich auf den Weg zu machen, Angehörige und Sterbende so zu begleiten, um ihnen eine ähnliche Erfahrung zu ermöglichen.

Meinen Eltern sei Dank, dass das Thema Tod und Sterben in unserer Familie auf natürliche Art und Weise gelebt wurde.

All meinen Gästen sei gedankt, die mir so gütig erlaubt haben, sie in ihrem letzten Lebensabschnitt zu begleiten, in einer Phase, wo wir am verletzlichsten sind. Es ist mir ein Bedürfnis, das all das, was sie mich gelehrt haben, gewürdigt wird und wenn es weite Kreise zieht, freut es mich. Danken möchte ich auch meiner Arbeitsumgebung im Hospiz mit all meinen Kolleginnen und Kollegen, die mit ihrer Haltung und unermüdlichem Einsatz ein Umfeld schaffen, wo es möglich ist, in Würde Abschied zu nehmen.

Meiner Freundin Nicole möchte ich danken, da sie es war, die mir den Anstoß für dieses Buch gegeben hat.

Herzlich gedankt sei meinem Vetter Felix, der dieses Buch lektoriert hat. Seine Freude und Neugierde daran hat mich bestärkt, dieses Projekt zu Ende zu bringen.

Und schließlich möchte ich an dieser Stelle meiner Weisheitslehrerin Marion danken, die mir mit ihrer liebevollen Strenge viele Dinge beigebracht hat, die mein Leben tiefer, erfüllter und bewusster haben werden lassen.

Und all den Menschen, die ich jetzt nicht namentlich nenne, die trotz allem mich beim Schreiben unterstützt haben, sei Dank.

Nicht zuletzt Ihnen, den Leserinnen und Lesern, die dazu beitragen, dass wir uns vielleicht demnächst offener und neugieriger mit dem Thema Sterben auseinandersetzen.

Weitere Titel aus dem Bücken & Sulzer Verlag

Britta Zangen: Alter/n ist großartig
Man muss nur wissen wie.

Alter und Altern haben zu Unrecht einen schlechten Ruf, davon ist Britta Zangen überzeugt. Sie ermutigt dazu, die Veränderungen des Alters anzunehmen und die Vorzüge in den Mittelpunkt zu rücken, die sich aus einer nie gekannten Freiheit und Unabhängigkeit ergeben. Die Autorin denkt dabei auf unkonventionelle Weise über Weltfrieden und Religion, Liebe und Mitmenschlichkeit, Zufriedenheit und Toleranz, Tod und Krankheit nach.

ISBN 9783947438099
258 Seiten
12,00 Euro
Kartoniert

Stufen zum Himmel - Gedichte über den Tod, das Sterben, das Leben und die Vergänglichkeit

Hrsg. Alexander Bücken

Wenn wir dem Tod in unserem alltäglichen Leben wieder eine Heimat geben, wenn wir uns für ihn wieder Zeit des sinnlichen „Begreifens“ nehmen, dann werden wir dem Tod und dem Leben auch wieder Ausdruck und Worte geben, so wie es all die Generationen vor uns getan haben, für die die nachfolgenden Dichter stellvertretend stehen.

Aus dem Vorwort von Fritz Roth

ISBN 9783936405354
120 Seiten mit zahlreichen s/w Abbildungen
12,00 Euro